Gottes Ja – unsere Freiheit

Thomas Pröpper

GOTTES JA – UNSERE FREIHEIT

Theologische Betrachtungen

Matthias-Grünewald-Verlag

CIP-Kurztitelaufnahme der Deutschen Bibliothek

Pröpper, Thomas:
Gottes Ja – unsere Freiheit :
theol. Betrachtungen / Thomas Pröpper.
– Mainz : Matthias-Grünewald-Verlag, 1983.
ISBN 3-7867-1081-3

Umschlag: Skulptur Vézelay
Satz: Studio für Fotosatz, Ingelheim
Druck und Bindung: Georg Wagner, Nördlingen

Inhalt

Vorwort

Der Grundgedanke, der die folgenden Texte bei aller Vielfalt ihrer Themen und Anlässe verbindet, kann durch den Titel nur angezeigt werden. Denn auslegen wollen ihn die Texte selber. Daß uns Gottes Ja schon gesagt ist und wir in allem mit ihm anfangen dürfen – von dieser Vorgabe lebt der Glaube und jede Verkündigung, die ihn zum Ziel hat: sie verdankt sich dem Evangelium und möchte die Freiheit von Menschen. Möchte sie ansprechen, ermutigen und eben dadurch gewinnen, daß sie Gottes Ja zu uns gelten und dort zu Wort kommen läßt, wo wir uns tatsächlich befinden und leben.
Als Mitteilung der eigenen Versuche auf diesem Weg ist die vorliegende Sammlung gedacht und zugedacht allen, die sie als Anregung oder Hilfe annehmen mögen. Sie enthält Predigten, die innerhalb der letzten zehn Jahre entstanden und in Gemeindegottesdiensten gehalten worden sind. Die Texte, ihre aktuellen Bezüge und den Redestil habe ich, auch bei den älteren Predigten, unverändert gelassen und eine Anordnung getroffen, die sich dem Rahmen des Kirchenjahres einfügt und zugleich die Aspekte hervorhebt, die zum Glauben an Gottes menschliche Zusage gehören. Denn im Weg und der Verkündigung Jesu hat er seinen Grund und sein Maß, hat an dem Gott, der Liebe ist, seinen ganzen Inhalt und seinen Halt und gewinnt doch seine bestimmte Bedeutung und Wirklichkeit erst, wenn er nichts, was Menschen bewegt und uns angeht, mehr ausläßt. Von der Menschlichkeit dieses Glaubens wollen alle Predigten sprechen und ihn – durch die Auslegung der Schrifttexte ebenso wie im Nachdenken über einzelne Themen – als Möglichkeit darstellen, die uns offensteht und versucht werden kann.
Wer zu predigen hat, wird der Schuldner von vielen: Schuldner derjenigen, die ihm zuhören, und zuvor derer, denen er zugehört hat. Es ist unmöglich, ihnen allen zu danken. Denn nicht nur Theologen und Schriftsteller müßte ich nennen, nicht nur Kommentare, Dokumente und Buchtitel aufzählen, sondern auch an

die vielen und oft schon vergessenen Begegnungen und Gespräche erinnern, in denen mir aufging oder sich klärte, was ich später zu sagen versuchte. Einen namentlichen Dank jedoch schulde ich Frau Prof. Dorothee Sölle, Herrn Prof. Oswald Bayer und meinem Freund Gotthard Fuchs, weil ich in einigen Fällen, die am Ende des Buches vermerkt sind, von ihren Arbeiten und Texten reichen Gebrauch gemacht habe und sie die Zustimmung zur Veröffentlichung gaben. Danken möchte ich ferner den Gemeinden von Baiersbronn, Wendelsheim und Oberndorf sowie der Tübinger Hochschulgemeinde. Endlich darf und will ich dieses Vorwort nicht schließen, ohne mit herzlichem Dank an meine Freunde zu denken.

1. Gottes Wort für die Armen

Advent; Röm 16,25–27

Das Erhabene kann lächerlich werden, das Kostbarste kann man vergeuden. Es gibt Wahrheiten, die sind so tief, daß man erschüttert sein muß, oder aber – sie werden banal. Uns ist selbstverständlich geworden, was wir „alle Jahre wieder" zu hören bekommen. So wahr, daß es – wie man zutreffend sagt – schon fast nicht mehr wahr ist. So lange her, daß es uns nicht mehr aufregt. Den Paulus aber hat es gepackt. Man müßte schon sehr abgestumpft sein, um nicht sein Staunen zu spüren in den Worten, mit denen er seinen Brief an die Römer beschließt, sein Staunen darüber, daß das ewige Geheimnis offenbar wurde und Gott sich in Jesus uns Menschen zuwendet. Und in der Tat – wenn überhaupt etwas nicht selbstverständlich ist, dann dies: daß Gott uns liebt. Das hätten Menschen sich niemals bloß ausdenken können. Das konnte nur Gott selber uns sagen. *Wenn* es nun aber wahr ist und er uns dieses Wort gesagt *hat,* so ernsthaft und endgültig gesagt hat, daß es „Fleisch geworden ist und unter uns wohnte" – kann man es dann zur Kenntnis nehmen und zur Tagesordnung übergehen, als sei nichts passiert?

Doch befürchten Sie nichts – ich habe nicht vor zu moralisieren. Wohl jeder von uns wird es leid, in die Klage „süßer die Kassen nie klingen" einzustimmen, gegen den Konsumterror zu wettern und drängelnd hinter den Leuten zu stehen, sie möchten doch bitte an den Sinn des christlichen Weihnachtsfestes denken. Und wozu sich um Geschmackssachen streiten: denn ob einer nun Kunst alter Meister, oberbayrische Krippen und Edeltannen mit Strohsternen bevorzugt oder Sekt und Weihnachtslieder mit James Last und Christmas Dancing – das alles kann von Weihnachten gleich weit entfernt sein. Hat es Sinn, den an Süßigkeiten überfütterten Kindern noch einmal mehr die ausgemergelten Kinder der Sahel-Zone gegenüberzustellen? Dem mitteleuropäischen Wohlstandsfest das Elend der Indios in den Favelas? Nur

damit sich die Gewissen regen und bei Adveniat etwas mehr rausspringt?
Ach, Anklagen und Moralisieren, was hat das für einen Sinn, wenn Gottes Kommen selbst nicht geglaubt wird. Denn darum geht es: um die tiefe Unfähigkeit, an unsere Wahrheit zu *glauben*. Hat Gott gewußt, was er tat, als er Mensch unter uns wurde? Hat er bedacht, daß man sich an sein Wort gewöhnen und es eines Tages kaum noch ernst nehmen würde? Wer von uns hat es denn jemals so verstanden, daß er es niemals wieder vergaß? Und wer denn hat jemals gespürt, daß er dieses Wort überhaupt lebensnotwendig *braucht?*
Doch ich merke, dies muß ich etwas erklären. Was sollte das denn für ein Wort sein, auf das wir angewiesen wären, um leben zu können? Einem *Wort* sollte solche Bedeutung zukommen? Ich verstehe Ihr Mißtrauen gut, denn alle Worte, sogar die tiefsten, sind auf dem Jahrmarkt der Propaganda und der Sprechblasen, der Slogans und Phrasen zu abgeschliffener Münze geworden. Und trotzdem, trotz der Inflation und des Mißbrauchs der Worte, trotz ihrer Aushöhlung und Zweideutigkeit: unser Leben bleibt an die Sprache gebunden. Nicht nur, damit wir uns untereinander verständigen und die Dinge bezeichnen und handhaben können, sondern noch viel ursprünglicher und enger: eine Erfahrung haben wir uns erst ganz zu eigen gemacht, in einer Wirklichkeit sind wir erst heimisch, wenn wir sie sprachlich ausdrücken können. Die Philosophen und Dichter bringens am besten heraus, sie finden das treffende Wort, wie wir sagen, das Licht wirft auf unser Dasein. Noch unser innerstes Erleben ist durch Sprache geprägt. Aber das Wichtigste ist, daß im Sprechen auch etwas *geschieht.* Dies ist die schönste Wirkung der Worte: sie können Menschen verbinden. Denn wenn einer seine Freude, sein Leid, seine Gesinnung und Fragen mitteilt, bringt er sich selber zur Sprache und geht in ihr wie über eine Brücke zum anderen hinüber, bringt ihm etwas mit: Verständnis, Ermunterung, oder schenkt sich ihm sogar selbst, etwa wenn er Liebe verspricht oder ihn einfach seinen Freund nennt. Worte können einem Leben aufhelfen, ihm Sinn geben, wenn einer sagt: Ich verzeih dir, es ist gut, ich brauche dich, oder: ich denke an dich.

Es ist also gar nicht wenig, was wir von Worten erwarten, und wenn wir es recht überlegen, können wir sogar sagen: die Menschen *leben* davon, daß ihnen solche Worte gesagt werden. Der kleine Junge, der bittere Tränen vergießt, weil die Mutter ihn strafte und noch nicht wieder mit ihm sprach; der Alte, dem die Kinder zu schreiben vergessen; das Mädchen, das man unbeachtet stehen läßt; die Gattin, die von ihrem Mann vernachlässigt wird; der Kranke, der allein stirbt, und der Verurteilte, den man zur Hinrichtung führt – sie alle sind Betrogene, betrogen um das Wort, das Menschen sich schulden.

Denn wir Menschen leben vom Wort, das wir uns schenken. Und müssen doch zugleich auch erfahren, daß es allein nicht genügt. Es gibt noch eine Frage in uns, für die eine Antwort von Menschen nicht ausreicht. Diese Frage betrifft unser Leben als ganzes, seinen Sinn oder Unsinn. Manchmal bricht sie ganz deutlich hervor, bei Enttäuschung oder plötzlicher Angst, aber auch sonst ist sie da, durchstimmt unsere Gedanken, begleitet jede Tat: Wozu das Ganze? Lohnt es die Mühe? Warum bin ich da? Auch wo Freundlichkeit herrscht, bleibt dieser Rest, denn selbst wo Menschen sich lieben – sagt ein Dichter – bleiben sie sich noch ein Versprechen, das sie selber nie ganz einlösen können.

Zur Bitterkeit aber verschärft sich die Frage, wenn auch schon das gute *menschliche* Wort *ausbleibt.* Wenn nur Worte uns treffen, die weh tun wie Messerspitzen, Schlagworte, um uns niederzuknüppeln, in die Ecke zu drängen, fertig zu machen. Und wir schlagen zurück, wenn wir unglücklich sind, werden ebenfalls schuldig. Durch Worte, die uns rechtfertigen sollen, hinter denen wir uns verstecken, durch Worte, die beleidigen, Verleumdung verbreiten, Unklarheit, halbe Wahrheiten . . . Oder auch nur die Worte, mit denen wir uns anöden, bei aller Gesprächigkeit so fürchterlich anöden können und einander uns selbst überlassen: allein mit unserer Sorge, unserer Schuld, unserem Hunger nach Glück. Totgeredet, totgeschwiegen – Unzählige leben so am Rand des Verstummens.

Und noch einmal würde sich die Frage verschärfen, wenn wir es fertigbrächten, teilzunehmen am Schicksal anderer, derjenigen im Schatten, die das Leben um das Elementarste betrügt. Daß

Unschuldige in Kerkern sind, Kinder in Scharen verhungern, daß es 13jährige Kriegsgefangene gibt und Frauen von Bomben verbrannt, die Armen verachtet, Wehrlose zum Schweigen gebracht und die Namenlosen vergessen – gibt es ein Wort, das dieses aufwiegt, oder gibt es nur vorletzte Worte?
Viele von uns haben es im stillen wohl schon aufgegeben, solche Fragen überhaupt noch zu stellen. Aber kann man sie wirklich vergessen? Es ist verräterisch, wie wir Weihnachten feiern. Vielleicht soll dieser ganze Rummel nur überdecken, daß etwas fehlt. Gerade weil uns an solchen Tagen die Banalität unseres Lebens bewußt wird und seine Brutalität uns erschrickt, flüchten wir uns in die Träume der Kindheit, die glücklich und unschuldig war. Hilflos genug versuchen wir Weihnachtsstimmung zu schaffen: ja, einmal vergessen können, was uns bedrückt, abschalten können, nicht mehr hinsehen müssen! Warum an Weihnachten die höchste Selbstmordziffer des Jahres, weshalb dies dichte Beieinander von äußerster Gereiztheit und übertriebenen Aussöhnungen, woher diese nervöse Angst, daß auch ja alles klappt? Ein gehetzter Familienvater war gerade dabei, den Christbaum zu schmücken. Die Tochter, junge Erwachsene im zweiten Semester, schaut zu, und unvermittelt entfährt ihr die treffende, aber ungemein brutale Bemerkung: Na, da habt ihr wieder eure schöne heile Welt. Der Vater brach auf der Stelle zusammen und hat in einem Anfall von Raserei alles zertrampelt. An Weihnachten, so scheint es, bricht es tief aus uns hervor, daß etwas fehlt. Sind wir vielleicht doch auf der Suche nach dem verlorenen Wort?
Ja, mag wohl sein, daß wir so etwas spüren – doch bis zu einer wirklichen Klärung dringt kaum einer vor. Viele atmen auf, wenn die Feiertage vorbei sind. Und Weihnachten selbst? Wir haben uns einreden lassen, daß Glück im Konsumieren bestehe, und machen mit. Doch noch einmal: es geht nicht darum, auf den Wohlstand zu schimpfen. Niemand kann wollen, daß es uns schlecht geht, und wir brauchten darüber kein Wort zu verlieren, wenn man nur glauben könnte, daß wir auf diesem Weg endlich finden, was wir uns wünschen. Aber eben das ist die Frage. Es scheint doch, wir sind uns selbst immer fremder geworden, je mehr wir diesen Wohlstand zu unserem Ziel gemacht haben und

uns nun an ihn klammern. Er erstickt einfach alles – und ganz allmählich, kaum daß wir es merken, löscht er auch die Frage nach Gott aus. Zurück bleibt nur das dumpfe Unbehagen, daß etwas nicht stimmt. Wir müssen uns hier wohl an etwas erinnern, das man der Peinlichkeit halber zwar gern unterschlägt, das aber trotzdem nicht verschwiegen sein darf, wenn man das Neue Testament ernst nehmen will: daß nämlich nur die *Armen* die frohe Botschaft verstehen. Das war schon so mit Maria, diesem einfachen Mädchen aus Nazareth, das geht weiter über die Hirten, die Fischer, die Adressaten der Bergpredigt, die Niedrigen und Ausgeschlossenen, denen sich Jesus zuwendet, die Hungrigen, die Schuldigen, die Kranken . . . Nicht als ob Armut an sich schon eine Tugend darstellte, sie ist zunächst nur ein unbarmherziges Schicksal. Aber des Armen Hände sind leer, und so hindert ihn nichts, diese Hände zu öffnen. Wegen dieser Armen müssen wir Weihnachten reden, denn für sie ist das Wort des menschenfreundlichen Gottes bestimmt.

Aber hüten wir uns vor falschen Einteilungen. Armut ist nicht bloß eine Frage von Geld, Fähigkeiten und Ansehen, obwohl die, welche all das besitzen, es nach dem Neuen Testament eindeutig schwerer haben zu glauben. Arm ist – und dies ist entscheidend – wer sich eingesteht, daß er, um Mensch sein zu können, des anderen bedarf; Armut heißt, daß einer die Erfahrung seiner Grenzen gemacht hat und nun für immer weiß, daß seine Sehnsucht größer ist als seine Macht; arm ist, wer unter seiner Schuld oder auch bloß seiner Mittelmäßigkeit leidet und es zuläßt, daß er sich nicht selbst freisprechen, sich nicht allein ganz und heil machen kann; arm ist, wer schon einmal so am Ende war, daß ihm nichts mehr blieb als zu warten, ob nicht ein anderer zu reden begänne . . .

Arm sind die Kinder, solange sie verstehen, sich alles schenken zu lassen; darin hat Jesus sie Vorbild genannt. Arm sind die Alten und Kranken, wenn sie entdecken, daß sie ihr Leben nur noch zum Sterben besitzen. Darin ist Gott ihnen solidarisch geworden, als er Mensch unter uns war bis zum Tod. Arm sind alle, die ein ungerechtes Schicksal bedrückt, die in Not schon geboren oder von anderen um ihren Anteil an Glück gebracht werden.

Gott hat sich auf ihre Seite gestellt: sie werden sich freuen und lachen! Arm sind auch, deren Wunsch nach Liebe unerfüllt bleibt, die mit sich selber unglücklich sind, weil sie sich gar nicht liebenswert finden und schon meinen, sie gehörten nicht mehr dazu. Gott hat sie schon angenommen, denn er stellt keine andere Bedingung als die eine: sich lieben zu *lassen*.
Wir aber – vielleicht sind wir zufrieden, uns selber völlig genug. Schon so endgültig in uns selbst eingerichtet, daß wir keinen Sinn mehr für das Evangelium haben. Doch gerade dies könnte schlimmer sein als jede noch so große, aber einmalige Schuld. Denn die eigentliche Sünde, hat Bernanos einmal gesagt, zerstört nicht die Gnade, sondern löscht das Bedürfnis nach ihr. Dann kann auch Gott nicht mehr helfen. Andere meinen vielleicht, Gottes Wort doch zu kennen – sie täuschen sich, wenn es ihr Leben nicht ändert. Denn dieses Wort läßt sich nicht wie eine Sache besitzen: Schlaf in himmlischer Ruh, sondern man kann es nur immer neu dadurch finden, daß man es weitergibt: Kümmert euch um den Zustand der Erde! Würde das tatsächlich geschehen, machten wir uns zum Träger des Wortes, zum Anwalt der Übersehenen und Verstummten, würden wir kritisch beim Namen nennen, wo Gemeinheit und Lüge geschehen, würden wir uns bemühen, daß inmitten aller Sprachverwirrung und Vereinzelung *unsere* Worte Menschen verbinden und Hoffnungslose aufrichten – und es ist klar, daß es dann nicht *bloße* Worte sein würden – dann würde nicht nur *durch* uns Gottes Wort die Armen erreichen, sondern sein Sinn auch für uns selber von neuem erschlossen. Und dies gerade dann, wenn unausbleiblich sich die Tage einstellen, wo uns die Mühe dieses Auftrags zu schwer wird. Wenn wir dann enttäuscht sind und schon aufhören wollen, weil uns Undankbarkeit empört und Ungeduld krank macht und wir uns ohnmächtig fühlen und wie gelähmt und alles wie ein Berg auf uns lastet – dann sind *wir* die Armen, für die das wohltuende Wort gilt. Dann kann es uns sagen, daß wir auf diesem Weg zu Gottes Sohn selber gehören und er das alles mit uns erfährt, weil er schon vor uns Gottes Wort für andere lebte, ihm bis ans Ende vertraute und damit zeigte, was Menschlichkeit sein kann.
Deshalb gibt es – wie Pascal einmal sagte – eigentlich nur zwei

Gruppen von Menschen, die wahrhaft diesen Namen verdienen: die einen, die Gott aus ganzem Herzen dienen, weil sie ihn kennen, und die anderen, die ihn aus ganzem Herzen noch suchen. Daß wir Menschen einander bedürfen und miteinander Gottes bedürfen – das ist unsere *Armut*. Aber daß wir, seit Gott in Jesus Mensch unter uns war, ihn wirklich einander mitteilen und so füreinander Menschen sein können – das ist unser *Reichtum*.

2. Über das Unglück der Schuld und den Anfang der Gnade

Zum Fest der Erwählung Mariens

Manchmal haben wir den Eindruck, als sei Gott seine Schöpfung mißglückt. Sein großer Plan mit den Menschen, denen er das Leben geschenkt und seine Welt anvertraut hat, vielleicht *zu* groß für uns und am Ende ein Fehlschlag. Dabei denke ich gar nicht nur an die Katastrophen und Mißstände im Großen, bei denen sich die Hilflosigkeit der Menschen oder auch ihre Bosheit am augenfälligsten zeigt. Nicht nur daran, daß die Menschheit im Ganzen mit sich selber kaum fertig wird und immer wieder ausbricht und sich entlädt, was an gefährlichen Möglichkeiten in ihr schlummert. Denn was da im Großen geschieht, hat ja irgendwo im Kleinen begonnen. Und was schließlich wie ein Schicksal über uns hereinbricht, das haben dennoch *Menschen* verursacht, auch wenn es uns schwerfällt, den Anteil der einzelnen noch zu erkennen. Daß Kriege geschehen, ist keineswegs ein Verhängnis, sondern das Resultat von Prozessen, an denen Unzählige und zwar Einzelne mitgewirkt haben: die Politiker, die irgendwann aufhören, an die Möglichkeit einer Verständigung zu glauben; die Industrien, die an der Rüstung verdienen; die Kirchenleute, die für sie (immer noch) eine Rechtfertigung wissen; die Ideologen, die Vorurteile verbreiten, und die Gedankenlosen, die ihnen glauben; die Militärs, die Menschen wie Zahlen verrechnen, und schließlich die vielen, die den Befehlen ohne eigenen Willen gehorchen. Und ebenso: daß unsere Welt in Arm und Reich aufgeteilt ist, ist kein Naturgesetz, wie wir uns einreden möchten, sondern das Ergebnis einer Geschichte, in die wir alle verstrickt sind; und daß dieser Zustand andauert und sich noch täglich verschlimmert, beweist vor allem die Unfähigkeit, unsere eigene tiefe Unfähigkeit, uns selbst und unsere eingefahrenen Gewohnheiten zu ändern. Natürlich wissen wir Erklärungen, die uns rechtfertigen können, denn in dem klaren Bewußtsein, mitschuldig zu sein am tatsächlichen Elend, könnten wir wohl kaum ständig leben. Aber wahr bleibt es dennoch: das Brot, das wir essen, ist dasselbe Brot, das den fernen Verhungernden fehlt; der Schmuck, den wir tragen, kommt aus Ländern, die der Mehrzahl ihrer Bevölkerung die menschlichen Grundrechte verweigern; unter uns verteilen wir die Gewinne, die anderswo erwirtschaftet wurden, von Arbeitern, die unterbezahlt sind und in völliger Abhängigkeit leben.

Jedes Unrecht, das geschieht, ist die Summe des Bösen, das *Einzelne* begehen und verantworten müssen. Oder auch der Taten, die sie *unterlassen* und dann ebenfalls zu verantworten haben. Alltäglich und sehr banal ist das Böse: man sieht nichts, man hört nichts, man weiß nichts, man tut nichts – und so und nur so kann es dann geschehen, das Verhängnis seinen Lauf nehmen: die Verbreitung der Lüge, die Bedrückung der Schwachen, die Verachtung der Andersartigen, die Verfolgung der Andersdenkenden, die Nichtbeachtung und das Vergessen der Opfer: bei der Ausrottung der Amazonasvölker z.B. oder damals der Vergasung der Juden. Jede Schuld, und sei es nur unsere Trägheit – jede Schuld hat ihr Opfer. Und was dabei am verhängnisvollsten sein dürfte: sie erzeugt am anderen sogar Schäden, die zu *neuer* Schuld führen. Erbsünde hieß dies früher, ein Wort, das wir kaum noch verstehen und das doch einen Zusammenhang bezeichnet, dessen Unerbittlichkeit Unzählige erfahren: daß sie nämlich unter Bedingungen aufwachsen, die von anderen, ihren Mitmenschen, geschaffen wurden und die eigene menschliche Entwicklung verhindern. Ein Kind, das nie gespürt hat, daß es geliebt wird, wird es wohl auch selbst nur schwer lernen zu lieben. Wenn eine Frau bitter wird, weil sie enttäuscht ist, hat auch und zuerst derjenige Schuld, der sie im Stich ließ. Wenn die Bauern Guatemalas, die vor einiger Zeit und durchaus friedlich für die längst versprochene Landreform demonstrierten, mit Maschinengewehren auseinandergejagt wurden, dann darf sich niemand mehr wundern, wenn sie bald ihrerseits die Waffen ergreifen. Ich hasse nicht, ich werde gehaßt – sagte ein Farbiger in den Staaten, als er vor Gericht gestellt wurde. Und ist Ihnen selbst, wenn Sie die Zeitung lesen oder Nachrichten hören, eigentlich noch niemals der Gedanke gekommen: dieser Mensch da, vor dem jetzt alle erschrecken, das könnte unter anderen Umständen auch ich sein? Was wäre wohl aus mir selber geworden, wenn ich weniger Glück gehabt hätte: einen Trinker als Vater zum Beispiel oder gar keine Eltern oder aufgewachsen in einem dieser Slums am Rande der Städte? Und überhaupt die vielen, die wir so leichthin asozial nennen, oder auch die seelisch Zerbrochenen und all die Hilflosen, die wir manchmal als Belastung empfinden: Sind sie nicht die Beschädigten eben derselben Gesellschaft, in der wir die Erfolgreichen spielen?

Jede Schuld bringt menschliches Unglück und sie erzeugt neues Unrecht. Es gibt keinen, der außerhalb dieses Zusammenhangs stünde. Um sich ganz unbeteiligt zu fühlen, müßte man entweder naiv oder schon abgebrüht sein. Und dennoch, obwohl wir dies spüren, lassen wirs beim dumpfen Unbehagen bewenden. Gerade *weil* die Probleme so erdrückend groß sind und niemand weiß, ob und wie sie gelöst werden können, verschließen wir Augen und Ohren und versäumen darüber auch noch die Schritte, die getan werden *könnten.* Statt als einzelne und dann zusammen Neues zu wagen, passen wir uns an, schwimmen mit, unsere ganze Aufmerksamkeit darauf gerichtet, daß wir möglichst obenauf schwimmen. Denn wir sehen ja, wohin der kommt, der *nicht* mitspielen würde: Wer widerspricht, schafft sich Feinde; wer für die wirklich Schwachen eintritt, hat keine Lobby; wer reale und persönliche Konsequenzen zieht, muß den eigenen Nutzen vergessen. Selbst dann, wenn uns gelegentlich doch einmal die Einsicht in notwendige Veränderungen dämmert, ziehen wir, ehe es ernst werden könnte, allemal das kurzfristige Interesse, den handfesten Vorteil, die gewohnte Sicherheit vor. Es gibt Politiker in allen Parteien, die genau wissen, daß Entscheidungen gefällt werden müßten, die allen weh tun würden und dennoch notwendig wären, wenn die Gesellschaft auch am Ende des Wachstums vernünftig gestaltet, unsere Umwelt erhalten und der Nord-Süd-Konflikt nicht noch bedrohlicher werden soll. Aber dann denken sie an die bevorstehenden Wahlen und alles läuft wie gehabt: es bleibt bei der eiligen Erfüllung und dem behelfsmäßigen Ausgleich der massiven Interessen, die sich Gehör und Einfluß zu

schaffen verstehen. Oder denken Sie an die neue und schon so festgefahrene Rüstungsdebatte, festgefahren und phantasielos vor allem, weil unser Denken von geradezu krankhaften Zwängen beherrscht wird. Natürlich gibt es – das bestreitet ja niemand – ein gesundes und legitimes Sicherheitsbedürfnis; aber ist es – so muß man doch fragen – auch dann noch legitim oder auch nur vernünftig, wenn es die Arbeit unserer intelligentesten Techniker aufbraucht und der Menschheit täglich 2 Milliarden Mark kostet, ein Aufwand und eine Summe, mit der die Welthungersnot bekanntlich überwunden werden könnte?
Was im Großen geschieht, vollzieht jedoch, wenn wir es näher betrachten, nichts anderes als die Entscheidungen und Regeln, die auch das Verhalten der Einzelnen bestimmen. Der Zustand der Gesellschaft entspricht den Menschen, die zu ihr gehören; doch prägt auch umgekehrt die Gesellschaft so sehr die Menschen, daß wir uns andere Zustände als die vorhandenen kaum noch vorstellen, geschweige denn verwirklichen können. Kein Wunder also, daß es jede Veränderung, und sei sie noch so vernünftig, so unendlich schwer hat. So wie die Verhältnisse bei uns liegen, wird immer ein Mensch vorausgesetzt und mit Menschen gerechnet, die zuerst auf den eigenen Vorteil bedacht sind und ihn zu verwirklichen suchen; und aus diesem Bestreben, dem Wechsel von Leistung und Gegenleistung, soll sich – so meint man – dann das Wohl aller ergeben, vorausgesetzt nur, daß der Staat darauf achtet, den freien Verlauf dieses Prozesses zu sichern und seine schlimmsten Auswüchse zu mildern. Natürlich appellieren wir zugleich auch an das Gute im Menschen, daß es ohne Tugend und Verantwortung nicht gehe; aber was wir wirklich für notwendig halten und worauf wir uns, wenns drauf ankommt, verlassen, sind möglichst genaue Gesetze, ein ausgeglichenes Bankkonto und im Ernstfall die Polizei. Man braucht gar nicht bestreiten, daß diese Ordnung ihren Nutzen gehabt hat; aber ob sie ausreicht, um auch die *künftigen* Probleme zu lösen, ist deshalb keineswegs schon entschieden. Wie sehr wir in ihr als *Menschen* verkümmern, ist den Sensibleren schon lange bewußt. Denn wie, so fragen sie, steht es mit der Menschlichkeit einer Gesellschaft, in der die Leistungsunfähigen *kein* Ansehen haben; in der die

Gesetze des Marktes in alle Bereiche eindringen und noch die Träume der Menschen manipuliert sind; in der faktisch die eigensüchtigen Instinkte ermutigt und belohnt werden und in der es zwar Sozialämter, aber kaum noch Barmherzigkeit gibt. Wohl jeder ahnt, daß Solidarität noch etwas anderes sein müßte als bloß die Organisation des Egoismus der vielen. Und wer von uns kennt nicht auch die stille Enttäuschung, wenn der Genuß des Erreichten, an das wir alle Anstrengung und vielleicht sogar unser Herz gehängt haben, das versprochene Glück nicht gewährt? Und was schließlich, denn auch diese Frage muß ja gestellt sein: was endlich ist von der Humanität und der Moral einer Gesellschaft zu halten, die so ausschließlich mit ihrer Selbsterhaltung beschäftigt und auf das eigene Wachstum fixiert ist, daß sie ihren Bürgern Opfer und Anstrengungen für das Wohl *aller* Menschen, auch der fremden und fernen, erst gar nicht mehr zutraut?
Ob das Ganze sich zum Besseren wendet und die Menschlichkeit eine Chance hat, das wird zuerst und zuletzt daran hängen, ob sich einzelne zu verändern beginnen. Ob an die Stelle des Menschen, der die bestehenden Verhältnisse gemacht hat und nun seinerseits durch sie geprägt wird, ein anderer und – sagen wir es ruhig – ein *neuer* Mensch tritt. Ob es uns gelingt, das alles beherrschende Gesetz der Selbstbehauptung und Selbstsicherung, der Leistung und Konkurrenz, des Profits und des Habens zu durchbrechen und mit der natürlichen Angst, die von Geburt an zu uns gehört, auf eine andere, menschlichere Weise fertig zu werden und frei von ihren Zwängen zu leben. Das wäre freilich eine Veränderung, die bis zum tiefsten Grund in uns reichen und uns *selbst,* unsere ganze Lebenseinstellung *umkehren* würde. Zugleich aber wäre es ein Anfang, der – das spüren wir täglich – nicht allein mehr in unserer Macht steht und deshalb – meine ich – *Glauben* voraussetzt.
Denn warum, warum nur fällt es uns so schwer, wirklich und vorbehaltlos zu *lieben,* genauso und nicht weniger zu lieben, wie wir selbst geliebt werden möchten. Warum hört die Kraft unserer Zuwendung gerade dann auf, wenn der andere sie brauchte, eben weil auch er nur ein Mensch ist, genauso schwierig und trostbe-

dürftig, so mittelmäßig und langweilig wie ich selber . . . Oder warum bringen wir es einfach nicht fertig, restlos *wahrhaftig* zu sein. Obwohl wir einsam und uns fremd bleiben, wenn wir uns ständig voreinander verstecken. Warum teilen wir in unseren vielen Worten so wenig von uns selbst mit, obwohl wir doch nichts so sehr wünschen, als einmal ganz verstanden und dann bejaht und angenommen zu werden . . . Und wer von uns wäre nicht gern einmal von Herzen *selbstlos* und gut. Aber was wir auch beginnen – fast immer sind Hintergedanken dabei, kleinliche Absichten, falsche Motive:

Ach, in meine arme Brust
ist ein Zwiefaches gestoßen
wie ein Messer bis zum Heft:
denn es zieht mich zu den Großen,
Selbst- und Nutz- und Vorteilslosen,
und es zieht mich – zum Geschäft,
unbewußt.

Ja, so ist das mit uns: wir überlegen uns, wem wir unsere Zeit und Aufmerksamkeit schenken, selbst Freundschaften werden der Karriere geopfert. Und wie wenige verstehen es noch, spontan und ohne alle Peinlichkeit zu schenken, und wie wenige erst, sich beschenken zu lassen . . . Oder das *Mißtrauen.* Da träumen wir von einer Welt, in der jeder dem anderen furchtlos sich öffnet. Und doch begegnen wir der halben Welt wie möglichen Rivalen und Gegnern. Statt das Vertrauen des anderen durch unser eigenes Vertrauen zu wecken, warten wir erst einmal ab. Und haben wir uns dann doch eingelassen, kehren wir schon bei der ersten Krise in uns selber zurück . . . Und woher kommt es, vielleicht die peinlichste Geschichte, daß wir so häufig *Feiglinge* sind. Obwohl wir doch einmal mutig sein wollten, keine Mühe sollte uns zuviel sein. Doch dann kommt der Kollege mit seinen dummen Wirtshausparolen, und ich tu ihm den Gefallen und stimme zu. Oder sie ziehen über einen Abwesenden her und ich halte den Mund, obwohl ich ihn kenne. Und so oft haben wir unser Ideal von Redlichkeit schon verraten, daß wir uns vielleicht nicht einmal mehr schämen . . . Und schließlich: was eigentlich zwingt uns, in jedem Fall unser *Recht* zu bekommen. Als ob der Triumph des letzten Wortes, der erzwungenen Genugtuung uns jemals froh gemacht hätte! Und dann dies schier unstillbare *Geltungsbedürfnis,* für viele das stärkste Motiv ihres Handelns. Und doch verdirbt es die schönsten Regungen und Taten: diese aufdringliche, häßliche Nebenabsicht, für alles Bewunderung oder Dank einzusammeln. Sogar aus unserer Reue und Selbstkritik verstehen wir noch, raffiniert wie wir sind, eine Aufforderung an die anderen zu machen, uns doch endlich zu loben . . .

Es ist tatsächlich wie ein Verhängnis. Wir kommen von uns selber nicht los. In allem, was wir tun, sind wir mit uns selber beschäftigt. Und so erfahren wir, was der Glaube als *Sünde* bezeichnet: daß wir alles, was uns begegnet, wie ein Magnet an uns ziehen. Daß wir zuerst uns und zwar uns allein gewählt haben und uns im Grunde auch nur auf uns selber verlassen. Und daß sich dennoch unser Glück auf diesem Wege nicht einstellt.

Wem das in voller Klarheit bewußt wird, der könnte darüber verzweifeln. Wer wird mich befreien, so stöhnte schon Paulus, der wirklich darunter gelitten hat, daß er Böses tat, das er nicht wollte, und eben nicht das Gute, wie er eigentlich wollte. Und doch hat es, wer bis hierhin gelangt ist, nicht mehr weit bis zur Möglichkeit des Glaubens: daß es nämlich Gott selbst ist, der uns befreit. Daß *er* uns gewählt hat und unserer Verzweiflung zuvorkommt, weil wir nun ja *ihn* wählen können. Daß wir uns in dieser Liebe bewegen und von ihr Gebrauch machen dürfen: für uns selbst und für jeden, der uns begegnet, und bei allem, was uns begegnet. Aber werden wir die Krise, in die uns dieses Angebot stürzt, dann bestehen? Denn es könnte ja sein, daß wir uns wie immer verhalten: daß wir, ehe wir uns einlassen, Sicherheit wollen; daß ein Widerwille, eine tiefe Abneigung auch gegen Gott in uns aufsteigt, weil wir schon zu hart geworden, zu verkrampft oder auch zu stolz sind, uns noch beschenken zu lassen. Werden wir also ja sagen können?

Und genau hier wäre nun die Stelle, von *Maria* zu sprechen. Denn sie ist der Mensch, der ja gesagt *hat.* Durch den Gott selber *anfangen* konnte, Neues anfangen unter uns Menschen und in unserer Welt. Sie ist dadurch keineswegs unsere Erlöserin geworden. Wohl aber ist sie die erste, die an die Ankunft des Heiles *geglaubt* hat: die Mutter der Gläubigen, wie wir sie nennen. Und nicht einmal eine von den weltlich Großen ist sie gewesen; sie hat sich, auch später noch, schwer getan, überhaupt zu verstehen. Aber eben deshalb, weil sie ihr letztes Vertrauen nicht an sich selbst gehängt hatte, konnte durch sie Gottes Wille geschehen. Sie ist voll der Gnade, die stärker ist als die Furcht, stärker auch als jede Schuld.

Zu diesem Ja des Glaubens habe ich Sie einladen wollen: einem Ja, das dann Folgen hat, reale Folgen für uns und für alle. Und wenn es sich zwischendurch wie eine Moralpredigt angehört hat, können Sie's jetzt ruhig wieder vergessen. Denn worauf es ankommt, wäre vor allem anderen dies eine: im Glauben sich selber zu finden und Vertrauen zu schöpfen, so wie es Charles Péguy einmal gesagt hat:

Eure Gewissenserforschung und eure Reue – schreibt er – sollen euch nicht verhärten, sondern Entkrampfungen sein; und eure Zerknirschungen, selbst wenn sie am bittersten sind, sollen euch lösen, damit ihr euch loslaßt in meine Hände, spricht Gott. Aber ich kenne euch ja, ihr seid immer die Gleichen. Große Taten wollt ihr vollbringen, Taten, die ihr selber euch aussucht, statt das erste zu tun, das Einzige, was alles neu machen würde: daß ihr Gefallen findet an meiner Gnade.

3. Zukunft der Erde und Menschwerdung Gottes

Weihnachten 1972; Jes 9,1–6

Auf der Suche nach Weihnachtskarten fand ich einen alten Stich aus dem Jahr 1491. Er zeigt die Erde als Scheibe, auf ihr die Bethlehem-Szene, rundherum in geometrischer Schönheit die Planetenbahnen und Tierkreiszeichen, und das Ganze, ein wohlgeordnetes geschlossenes All, gehalten von der Hand des allmächtigen Gottes. Jahrhunderte lang hat dies altüberkommene Weltbild den Glauben der Christen bestimmt. Sie haben die Ordnung des Kosmos bewundert, erkannten überall die Spuren des Schöpfers, verstanden die Erde als Mitte der Welt und sich selbst als Krone der Schöpfung. Ihr Ziel aber fanden sie darin, daß Gott zu den Menschen herabstieg und sie zur Gemeinschaft mit sich selber erhob. Was war der Grund dieser Schöpfung? Nichts als ein Spiel seiner Weisheit, heißt es im Alten Testament. Gott hatte es nicht nötig, die Welt aus dem Nichts zu erheben, aber es entsprach ihm, es gefiel seiner Liebe. Welchen Sinn hatte also der Mensch? Er fühlte sich glücklich darin, das Schauspiel dieser Herrlichkeit zu bestaunen und Gott mit seinem Lobpreis zu danken. „Die Himmel rühmen des Ewigen Ehre", hat noch Beethoven komponiert. Und wenn Matthias Claudius dichtet: „Der Mond ist aufgegangen", dann klingt dies schlichte Abendlied unmittelbar wie ein Gebet. Für Unzählige waren Sonne und Mond und Blumen der Anlaß, vom Sinn des Lebens zu sprechen und sich geborgen zu fühlen. Und heute? „Ich bin Techniker und gewohnt, die Dinge zu sehen, wie sie sind", heißt es in einem Roman. „Ich sehe den Mond über der Landschaft – klarer als je, mag sein, aber eine errechenbare Masse, die um unseren Planeten kreist, eine Sache der Gravitation, interessant, aber wieso ein Erlebnis?"

Welche Umwälzung des Denkens und Lebens hat sich seit der Zeit, für die unser Bild steht, ereignet! Schon ein Jahr später, 1492, versuchte Kolumbus durch die Tat die Kugelgestalt der

Erde zu beweisen, indem er den Seeweg nach Indien in westlicher Richtung einschlug. Kopernikus stürzte die geozentrische Weltansicht um, indem er die Drehung der Erde um die Sonne *bewies.* Kepler gelang es, die Planetenbahnen zu berechnen, und Galiläi, der eigentliche Begründer der modernen Wissenschaft, geriet mit der Inquisition in Konflikt, weil er für Kepler Partei nahm. Auch diese Männer bestaunten die Weisheit des Schöpfers, doch ihre Entdeckungen erschütterten die Erfahrung des Menschen von Grund auf. Wir haben dafür ebenfalls ein Bild aus der damaligen Zeit: ein Mensch steht auf der Erde, aber durchbricht mit dem Kopf ihren Umkreis, entdeckt sich verloren am Rande des Alls und späht wie suchend in die Unermeßlichkeit des Raumes hinaus. Nicht Gipfel war er mehr, sondern Staubkorn auf einem unbedeutenden Stern, und ihn erfaßte das Schaudern. Was ist der Mensch? Ein Schilfrohr, vergänglich und vom Winde getrieben, aber: ein Schilfrohr, das *denkt!* Ja, ich denke, und nichts kann mir diese Selbständigkeit nehmen – das ist die Entdeckung, mit der der verunsicherte Mensch in der Neuzeit nun Halt in sich selbst sucht. Und: mit diesem seinem Denken sich seine *eigene* Welt aufzubauen – das wurde nun immer mehr sein Programm. Nicht mehr als Spielraum der Herrlichkeit Gottes wurde die Schöpfung betrachtet, sondern zum Gegenstand genauen und sicheren Wissens gemacht und als Rohstoffarsenal für die Pläne des Menschen *gebraucht.* Die alten Bilder, auf denen das göttliche Kind die Weltkugel in spielender Hand trägt, werden nicht mehr verstanden. Der neue Mensch fühlt sich eher wie Atlas, der die Welt den eigenen Schultern auflädt. Sein Ideal werden Faust und Prometheus, der den Göttern das Feuer wegnahm. Was ist die Welt? Was wir aus ihr machen! Wozu ist der Mensch? Er setzt sich selbst seine Zwecke! Ein ungeheurer Enthusiasmus hat den Menschen der Neuzeit beflügelt. Die ganze Welt um ihn stand ja zu seiner Verfügung, eine Geschichte unbegrenzter Möglichkeiten lag offen vor ihm. Erst unser Jahrhundert hat diesen Optimismus bis in die Wurzel erschüttert und die Folgen des großangelegten Unternehmens bewußt werden lassen, allerdings in einem Augenblick bewußt werden lassen, an dem es vielleicht schon zu spät ist. Was sind diese Folgen, und wie kam es zu ihnen?

Das Erste ist die Entdeckung unserer natürlichen Grenzen. Selbstverständlich wußte man schon seit Kolumbus: die Erde ist endlich. Aber daß sie auch *für uns,* als Wohnplatz, Schatzkammer, Nahrungsspender und Mülltonne begrenzt ist, dämmert erst heute. 70 Wissenschaftler wollten genauer wissen, wie lange die Entwicklung noch gut gehen würde, und gaben das wohl aufregendste Buch des letzten Jahres heraus: Die Grenzen des Wachstums. Sie haben die einschlägigen Beobachtungen zusammengefaßt, mit ihren Daten den Computer gefüttert und eine so erschreckende Prognose erstellt, daß man sie am liebsten ableugnen möchte: Das Weltsystem wird zunächst über seine Wachstumsgrenze hinausschießen, um dann etwa in der Mitte des nächsten Jahrhunderts in einem katastrophenartigen Kollaps zu enden. Wir leben bereits auf Kosten der Enkel, und wenn nicht alles zu spät sein soll, müssen schon wir mit Gegenmaßnahmen beginnen, und zwar sofort und freiwillig, nicht erst, wenn wir im Unrat ersticken. Das Neuartigste aber ist, daß sich die Probleme mit technischen Mitteln allein nicht mehr bewältigen lassen. Die Änderung des Menschen und seiner Einstellung zum Leben selbst wird erforderlich sein. Wie sagte doch der Mensch der Neuzeit? Er setze sich selbst seinen Zweck! Und solange alles gut ging, lag es vielleicht nahe, diesen Zweck zunächst in die Steigerung der Mittel zu setzen. Aber dabei blieb es, und die Mittel galten zunehmend selber als Zweck. Jetzt zeigt die Natur sich erschöpft und beginnt sich zu rächen. Welche Werte sollen *nun* gelten?

Das Zweite ist, daß es den Menschen zunächst zwar gelang, die Natur in ihre Regie zu bekommen, daß sie aber sich ungleich schwerer damit taten, ihre Beziehungen *untereinander* gerecht zu gestalten. Ein Grauen vor dem Bild der selbstgemachten Geschichte greift heute um sich. Nicht als ob es nicht auch früher stets rohe Gewalt und Ausbeutung gegeben hätte. Doch in der Neuzeit gewinnt das Unrecht sozusagen System. Zwar war die Würde des Menschen das Leitbild, aber ebenso stark wirkte der Trieb: wer die Macht hat, wird sich behaupten. Der Kampf aller gegen alle wurde der Ausgangspunkt der modernen Staatstheorien und gilt trotz einiger Korrekturen noch heute als Regulativ unserer Wirtschaft. Wohl hat die Neuzeit die Menschenrechte erklärt, gleichzeitig aber Siebenjährige für 14 Stunden täglich ins Bergwerk geschickt. Unser heutiger Wohlstand basiert nachweislich auf der Verarmung der übrigen Menschheit, erst unser Fortschritt hat sie ins Elend gestoßen. Mit absurder Konsequenz wenden Menschen die gewonnene Macht ausgerechnet gegen sich selber. Für Vietnam z.B. haben sie die metereologische Kriegsführung und die Plastikbombe erfunden, die jede Operation unmöglich macht, weil das Röntgenbild die Splitter nicht zeigt. Napalm verbrennt Frauen und Kinder, Waldgebiete werden entlaubt und Ernten vernichtet, fast ein Zehntel der Landesoberfläche ist von Bombenkratern bedeckt . . . Und wußten Sie, daß es Ausbildungskurse für Folterer gibt und einen Informationsdienst zwischen Regierungen über wirksame Foltermethoden? Der Mensch ist sein eigener Gott, meinte die Neuzeit und stellte gleichzeitig fest: Jeder einzelne ist dem anderen ein Wolf. Wenn ein Mensch nur sich selbst als Herrn anerkennt, ist es dann zufällig, wenn er anfängt, seinen Mitmenschen zu knechten?

Das Dritte ist, was man die Sinnkrise genannt hat. „Hast du nicht manchmal den Eindruck", schreibt Gabriel Marcel, „daß wir in einer zerbrochenen Welt leben, wenn man das Leben nennen kann? Zerbrochen wie ein Uhrwerk, dessen Feder nicht mehr geht. Äußerlich scheint nichts verändert, alles steht an seiner Stelle. Aber wenn man die Uhr an das Ohr hält, hört man nichts mehr. Verstehst du, was wir die Welt nennen, die Welt der Menschen, hatte wohl einmal ein Herz. Heute könnte man glauben, dies Herz habe aufgehört zu schlagen." Es wäre sicher zu billig, über den Menschen der Neuzeit und seinen Weg nur zu klagen. Denn seiner Entschlossenheit, sich die eigene Welt zu gestalten, verdanken wir immerhin das Penicillin und die Eisenbahnfahrpläne, die Überwindung der Kindersterblichkeit und das Fernsehen, den Rasierapparat und die Kybernetik. Und doch bezahlten wir diesen Gewinn auch mit einem Verlust: wir verloren die Welt als den Ort, an dem wir uns mit dem Grund unseres Lebens verbunden und seinem Geheimnis noch nahe fühlen können. Denn wo immer wir gehen, begegnen wir den eigenen Spuren: *unsere* Autobahnen gliedern die Landschaft, unsere Bergwerke beuten die Erde aus, Asphalt schirmt uns gegen die Erde und Neonlicht gegen die Sterne. Wir sind auf der Erde unter uns und allein. Sie hat ihren Zauber weitgehend verloren, und sie Heimat zu nennen, will uns kaum noch gelingen. Und will uns, scheint es, um so weniger gelingen, je mehr es gelang, die Herrschaft über sie an uns zu nehmen.

Geradezu verhängnisvoll aber mußte es werden, diese Herrschaft selbst als den Sinn auszugeben, für den wir da sind und leben. Denn wo bloßer Fortschritt das Ziel ist, wird erfolgreiche Arbeit der Maßstab, nach dem man auch den Wert von *Menschen* beurteilt. Der Mensch ist, wozu er sich macht, sagte die Neuzeit. Arbeiten und nicht verzweifeln – fügte sie bald schon hinzu, weil sie eine andere Antwort auf die menschliche Frage nach Glück nicht mehr wußte. Kann es uns nach dieser Weichenstellung denn wundern, wenn die Alten heute beiseitegeschoben, schon die Kinder nach ihren Leistungen beurteilt und wir alle zu Arbeitstieren dressiert, in eine Rolle gezwängt und – mit Konsumgütern gefüttert – über unsere wahre Situation hinweggetäuscht werden? Ja, wir kennen einander nach unserer Leistung, setzen uns beinahe gleich mit Funktionen, mit den Tätigkeiten eines Angestellten, Verkäufers oder Fahrkartenknipsers. Die Ausbildung der Jungen wird auf Produktivität abgerichtet; Krankheit gilt als eine Art Panne im Betrieb, die schleunigst repariert werden muß. Und der Tod? Er ist das völlige Ausrangieren, an das man möglichst nicht denkt. Verlorengegangen die gelassene Freude am Dasein, fast abgestorben der Sinn für das Spiel. Stattdessen der Druck von Leistungssoll, Zensuren, Terminen ... Wer von uns kennt nicht die Angst, er könnte versagen und dann würden alle über ihn lachen. Wer aber versagt, ist auswechselbar, wir alle Rädchen im großen Getriebe, mit 40 schon auf dem absteigenden Ast. Zufriedenheit mit der Arbeit ist wertvoll, wenn sie die Produktionsrate steigert. Was zählt, ist der Effekt, und der wird bezahlt. Und nur, wer bezahlen kann, kann konsumieren und nur, wer konsumiert, etwas gelten. Was Glück sein darf, wird gemanagt, die Freude zur Ware. Man sagt uns, was wir schön finden sollen, und wir finden es schön ... Aber ist das, was wir erreichten, noch das, was wir wünschten? Und hat das Evangelium der ungestörten Lebensfreude und Genußfähigkeit, mit dem die Konsumgesellschaft uns tröstet, uns nicht psychisch verkrüppelt, verdummt und vor allem: uns ideologisch vernebelt? Denn auch dies gehört ja – wie Adorno schon vor Jahren feststellte – zum Mechanismus ihrer Herrschaft: die Erkenntnis des Leidens, das sie produziert, zu verbieten. Können wir nicht nur deshalb „leichten Herzens genießen", weil wir uns gegen die Schmerzensschreie der Opfer in der Nähe und Ferne immun gemacht haben und immun auch gegen die Traurigkeit in uns selber?

Vielleicht ärgern Sie sich, dies alles heute zu hören. Doch bedenken Sie: Wir müssen wissen, was wir tun, wenn wir in derselben Stunde, in der fast 3000 Menschen verhungern und andere gejagt werden wie flüchtiges Wild, die Weihnachtsbotschaft vom Frieden auf Erden verkünden. Es ist uns nicht mehr erlaubt, nur ein bißchen auf unschuldig-kindlich zu machen, denn wir selbst sind doch dieser erwachsen gewordene Mensch unserer Neuzeit. Hinter sein Bewußtsein, seine Probleme und sein selbstgemachtes Schicksal können wir nicht mehr zurück. Natürlich ist das bedrückend. Denn wer von uns möchte nicht lieber die Kerzen anzünden und einfach in die vertrauten Lieder einstimmen? Aber wenn wir dann die Verheißung des Jesaja hören: Joch und Stock der Unterdrücker werden zerbrechen und die Soldatenstiefel verbrennen, denn ein Kind wird geboren, das ein Friedensreich ohne Ende begründet – was denken wir dann? Ein schönes Bild für das Jenseits vielleicht, uns zum Trost, aber ohne Folgen für die Realität? Unser Glaube also *nur* noch Trost, kein tätiger Protest mehr: bloßes Opium, wie seine Kritiker meinen? Unser Text freilich, wenn wir ihn nur unverstellt hören, verbietet solche Flucht und Naivität. Denn das Licht – sagt die Lesung – beginnt da zu leuchten, wo die Finsternis herrscht. *Gott kommt zur Welt* – das ist es doch, worum es Weihnachten geht.

Natürlich darf niemand erwarten, daß uns die Weihnachtsbotschaft für alle Probleme direkte Lösungen an die Hand gibt. Doch stellt sie – am Ende der Neuzeit – den Menschen von neuem vor die Frage, wie er sich *selbst* verstehen möchte. Und das wird Folgen haben für die Gestaltung der Welt und unserer Geschichte.

Gott kommt zur Welt und wird Mensch, damit wir Menschen sein können! Das heißt zunächst: der Mensch ist Geschöpf, und darüber hinaus: er ist von Gott selbst bejaht und geliebt. Schlechthin alles Gott zu verdanken – darin sind alle miteinander verbunden. Dann aber gilt nicht: Der Mensch ist sich selber ein Gott, und auch nicht: Er ist dem Nächsten ein Tier, sondern: Der Mensch ist dem anderen *Mensch.* Dann gilt nicht Herr oder Knecht, sondern Bruder und Freund. Dann heißt es nicht: jeder ist, wozu er sich macht, sondern: wir werden von neuem geboren. Nicht „befreie dich selbst" ist dann die Parole, sondern: weil Gott dich frei macht, kannst du für die Befreiung arbeiten; daß er dich schon liebt, macht dich freundlich und gut. Du mußt dich nicht länger mit der Unmöglichkeit quälen, allein und gegen andere glücklich zu werden, sondern darfst danken für das, was Gott getan hat und in Zukunft tun will. Dich selber verantwortet Gott, dir bleibt die Verantwortung für seine Erde: also kannst du dich für ihre menschliche Zukunft einsetzen, gelassen und leidenschaftlich zugleich, denn wer den Anfang des Heiles geschaut hat, kann seine Verheißung nicht wieder vergessen. Ja, nur wer Liebe kennt, wird fähig sein, mit anderen zu leiden. Aber auch nur er wird Sinn für die Freude behalten und den Mut nicht verlieren. Es ist ja doch alles umsonst – sagt nur zu leicht der Mensch der Neuzeit am Ende seines Versuchs. Ja, es ist wirklich alles umsonst – sagt auch der Glaubende, doch freut er sich der begonnenen Zukunft und nimmt sich geduldig der Gegenwart an.
In der Angst unserer Gegenwart um ihre Zukunft hat Marie-Luise Kaschnitz geschrieben:
„Ob wir davonkommen ohne gefoltert zu werden, ob wir eines natürlichen Todes sterben, ob wir nicht wieder hungern, die Abfalleimer nach Kartoffelschalen durchsuchen, ob wir getrieben werden in Rudeln, wir habens gesehen. Ob wir nicht noch die Zellenklopfsprache lernen, den Nächsten belauern, vom Nächsten belauert werden, und bei dem Wort Freiheit weinen müssen. Ob wir uns fortstehlen rechtzeitig auf ein weißes Bett oder zugrundegehen am hundertfachen Atomblitz, ob wir es fertigbringen, mit einer Hoffnung zu sterben, steht noch dahin, steht alles noch dahin ... (Aber) daß wir solche Dinge wahrnehmen und be-

klagen, Grausamkeiten noch wahrnehmen und beklagen, während es doch denkbar wäre, eine Zeit denkbar wäre, in der wir umherkriechen empfindungslos, in der uns nichts mehr angeht, unter die Haut geht, neben uns schreit ein Sterbender und wir wenden den Kopf nicht, neben uns wird ein Kind an die Mauer geschleudert und wir erschrecken nicht. Demgegenüber scheint auf jeder noch so bescheidenen Anteilnahme, jedem noch so billigen Erbarmen der Schimmer eines goldenen Zeitalters zu liegen. Wir können noch sehen, wir können noch hören, wir können noch leiden, noch lieben."

4. Das Wort zum Alltag

Taufe Jesu; Jes 42,1–4.6–7; Mt 3,13–17

Das, was wir am notwendigsten brauchen, ist nicht das Wort zum Sonntag. Denn am Sonntag ist es verhältnismäßig einfach, sich unter Gottes Wort zu versammeln. Manchmal hebt das sogar unsere Stimmung, und mit allem andern, was einen Sonntag zu einem Sonntag macht, vereint es sich zu einer harmonischen Wirkung, und wir sind leicht bereit, die Gefühle, die sich dabei einstellen, mit *Gott* in Zusammenhang zu bringen. Aber häufig verliert das auch schon am selben Tag seine Wirkung, wird mit der Sonntagskleidung wieder abgelegt, und was wir *dann* brauchten, wäre ein Wort zum *Alltag*. Denn da gibt es viel weniger Gefühle und Erfahrungen, die so aussehen, als hätten sie etwas mit Gott zu tun; hier steht es schlecht für den Glauben, denn gefährlicher für ihn, als es Zweifel an irgendwelchen Einzelheiten sein könnten, ist doch wohl, daß wir die weitaus meiste Zeit unseres Lebens so wenig von unserem Glauben *erfahren;* daß sich Gott in unserem Alltag nicht zeigt, einfach nicht vorkommt . . . Nicht als ob wir uns darüber freuten! Im Gegenteil: der Alltag wird uns ja zur Last, und gerade die, denen es um Gott geht, leiden darunter, wie er so schal, so gleich und ewig ereignislos dahinfließt.
„Als ich heute morgen aufstand – hat einer in sein Tagebuch geschrieben – da habe ich mir gesagt: es wird mal wieder so sein wie an den anderen Tagen. Und tatsächlich: es ist genauso gewesen. Ich habe denselben Bus genommen wie jeden Morgen, habe dieselben Zeitungsartikel über die internationale Lage gelesen und erfahren, daß sie unverändert bleibt. Ich bin dieselbe teilnahmslose Treppe hinaufgegangen wie alle Tage, habe im Büro dieselben Akten vorgefunden, diese Akten, die sich seit Jahren bis auf den Buchstaben gleichen. Der Bürojunge war derselbe, der Personalchef ebenso. Alle hatten ihr normales Alltagsgesicht, das Gesicht der Tage, an denen man nichts Besonderes erwartet. Zu Mittag habe ich dasselbe gegessen wie gewöhnlich, es war Don-

nerstag. Dann wieder ins Büro, bis fünf. Dann habe ich pünktlich Schluß gemacht und gedacht: morgen wird alles wieder so sein."

So banal ist unser Leben. Es gibt unerträgliche Tage. Tage, an denen man alles satt hat. Man leidet dann nicht unter einem genau fixierbaren Übel, nein, es ist alles viel unbestimmter: das Leben selbst bedrückt einen, weil sich die Tage allzu sehr gleichen und jeder Morgen dieselben öden Quälereien mitbringt. Man rechnet schließlich sogar damit, und das lastet dann noch mehr auf uns. Und so verrinnen die Tage, und so verrinnen die Jahre ... und in uns wächst das Gefühl, daß wir das eigentliche Leben verpassen. Obwohl wir doch eine Menge Aufgaben erfüllen. Obwohl die Zeit wahrhaftig genutzt ist – Zeitnutzung sagt man ja auch – und noch die freie Zeit ist genutzt: zum Schlaf, zur Erholung, zum Vergnügen, nur damit dann alles wieder so geht ... Unser Leben ist angefüllt bis zum Bersten, aber doch nicht – erfüllt. Mit allem Möglichen vergeht unsere Zeit und – bleibt dabei leer. Manchmal da kommt es uns an, als könnten wir uns über die Schulter betrachten, und dann möchten wir sagen: was ich da alles tue, das ist es im Grunde gar nicht, was ich will; und der es tut, das bin eigentlich gar nicht ich selber. Und trotzdem haben wir uns schon so sehr an den Ablauf der Tage verloren, daß uns der Schreck packen würde, wenn wir plötzlich auf uns selber zurückgeworfen würden. Wahrscheinlich würden wir dann zur erstbesten Ablenkung greifen, um nicht weiterdenken zu müssen. Um unsere Öde zu überspielen. Einige machen das so. Andere weichen aus, durch phantastische Pläne in die Zukunft, durch träumende Erinnerung in die Vergangenheit, nur die Gegenwart, diese unerfüllte Gegenwart – die halten *beide* nicht aus. Man kann auch in die Krankheit sich flüchten, oder die Gegenwart der Karriere aufopfern. Oder dem maßlosen Verdienen. Am beliebtesten aber: man flüchtet sich aus dem eigenen Leben in das Leben von andern, in die Neugier, den Klatsch und das Schnüffeln. Menschen aller Schichten – gebildet oder ungebildet, das spielt da kaum eine Rolle – ergötzen sich am Privatleben von Stars und Fernsehansagern, an Herzenstragödien und sensationellen Unfällen, ahmen die Liebe anderer nach, weinen gleichsam deren Tränen, leben stellvertretend das Leben der Sylvia oder der Beatles, vollbringen als Zuschauer Heldentaten und Europarekorde, zittern um das gekidnappte Kind (während tausende unbeachtet und dreckig verhungern) – der Sinn von alledem ist deutlich: es geht um eine Verschwörung gegen das wirkliche Leben, um die Unfähigkeit, das *eigene* Leben zu *leben.*

Denn *unser* Leben erscheint uns einfach zu banal, als daß es sich lohnte, und den Gläubigen geht das kaum anders. Sie machen dann gerne noch die Religion zu so einem Ort, an den sie sich flüchten. Dabei gehen sie von der Voraussetzung aus, daß dieser eintönige Alltag unmöglich etwas mit Gott zu tun haben könne. Gott, so meinen sie, Gott ist doch das Besondere, Feierliche. Für Gott braucht es eine festliche Szenerie und würdige Klänge oder auch das Schweigen der Wälder, die Sonnenscheinstimmung eines Frühlingsmorgens, die Erhabenheit einer sternklaren Winternacht. Gott ist das große Gefühl, ganz anders eben als dieser Alltag, der uns bedrückt. Und so suchen sie ihn wohl, auf alle mögliche Weise, nur nicht in ihrem alltäglichen Leben. Sie suchen ihn vielleicht im Gebet, sind aber schon frustriert, wenn die Durststrecken kommen und ihr Gebet ebenso gewöhnlich abläuft wie das übrige Dasein und Gott sich nicht nach Wunsch einstellt. Und an den hohen Festen suchen sie Gott, sind aber dermaßen um ihre Stimmung bemüht, daß sie schließlich von Äußerlichkeiten abhängig werden: wie die Kerzen am Baum stekken und ob Weihnachten Schnee liegt. Sie suchen Gott im Gottesdienst, aber nicht so, daß sie einfach und treu diesen Dienst verrichten, sondern auf bewegende Gefühle aus sind, ohne noch zu bemerken, daß sie Gott aus ihrem Alltag wegdrängen und abwechselnd auf zwei Ebenen leben: den Großteil wie alle andern im ganz normalen Leben und zwischendurch auf der frommen Feiertagsinsel.

In den Texten der Weihnachtszeit hieß es oft, die *Zeit sei erfüllt.* Und dies ist es ja, was wir suchen: daß unsere leer dahingehende Zeit einmal wirklich erfüllt wäre und wir, wie Faust es wollte, zum Augenblick sagen: Verweile doch, du bist so schön; oder wie Nietzsche: In diesem Augenblick ist die Ewigkeit da. Vielleicht war es auch so, daß wir uns Weihnachten wirklich glücklicher fühlten als sonst und vielleicht sogar glaubten, die Nähe Gottes zu spüren. Wir hatten uns darauf gefreut und nun – ist es wieder vorbei und das gewöhnliche Jahr schon wieder zwei Wochen alt. Bleibt uns jetzt nur, den lauernden Überdruß durch Betrieb zu ersticken? Oder im Grunde bloß immer zu warten, auf Zeiten, wo wir die nüchternen Tage vergessen? Uns davonzuschleichen in vergebliche Sehnsüchte und Träume? Wo ist *nun* Gott, und hat uns sein Evangelium auch jetzt noch etwas zu sagen?

Wenn wir es recht überlegen, hieß eigentlich Weihnachten schon, daß Gott in unser Leben *eintritt*. Aber vielleicht haben uns die Chöre der Engel und die Pracht der morgenländischen Weisen noch darüber getäuscht, wie ernst das gemeint war. Nun aber, in den Texten *nach* Weihnachten, wird es unübersehbar: Gott hat die Fülle der Zeit herbeigeführt, indem Jesus, der zu ihm gehört, in der ganz gewöhnlichen Zeit unter uns lebte. Er hat z.B. die jüdische Sitte der Beschneidung auf sich genommen, er wollte ja ganz zu diesem Volke gehören. Er hat lange Jahre verborgen gelebt und alle Mühe der Arbeit auf sich genommen. Und heute haben wir gehört, wie er von Johannes getauft wird, nicht weil es eigene Sünden notwendig gemacht hätten, sondern um sich auf unsere Seite, die Seite der Menschen zu stellen und alles, unser Schicksal, Not und Mühen mit uns zu teilen. *Gott wird Mensch und hat den Weg der Menschen erlöst, indem Jesus ihn ging.* Für uns aber heißt das: Gott läßt seitdem sich nur finden, wenn auch wir unserer menschlichen Situation treu sind. Damit ist keineswegs gesagt, daß wir uns schwächlich und passiv mit unserer Lage, wie sie nun einmal ist, abfinden sollten. Auch Jesus hat sich nicht abgefunden, sondern sehr oft protestiert und alles getan, um die lähmenden Verhältnisse und bedrückenden Zwänge so zu verändern, daß die Menschen sich freuen und befreit fühlen konnten. Aber gerade um dieses zu tun, muß der erste Schritt sein, unser alltägliches Leben als unsere Wirklichkeit anzuerkennen:

Leben in Gott – so hat Dag Hammerskjöld in sein Tagebuch geschrieben – Leben in Gott ist nicht Flucht aus dem Leben, sondern mit Gottes Liebe das Leben und die Menschen bejahen, gerade um der noch ausstehenden Möglichkeiten willen; warten wie er . . . beurteilen wie er . . . dem Befehl gehorchen, wenn er ergeht, und nicht zurückschauen – dann kann er dich brauchen, dann – vielleicht – braucht er dich. Und wenn er dich nicht braucht: in seiner Hand hat jede Stunde einen Sinn, hat Hoheit und Glanz, Ruhe und Zusammenhang. An Gott glauben heißt in dieser Perspektive: an sich selbst glauben.

Ja, es ist wohl ein Irrtum, glücklich werden zu wollen im ewigen Träumen vom Glück. Das macht uns nur krank oder schwermütig. Wahrscheinlich finden wir größere Freude, wenn wir unser leeres, banales, beladenes Leben als die Aufgabe und Möglichkeit wahrnehmen, die Gott uns gibt, und geduldig und zusammen daran arbeiten, daß unsere Situation und die Situation aller, daß die Wirklichkeit menschlicher wird. Denen und nur denen gilt Gottes Verheißung, auch wenn sie unter der Last der Tage zermürbt sind und meinen, es ginge nicht mehr und sie müßten zerbrechen. „Das geknickte Rohr zerbricht er nicht, den glimmenden Docht löscht er nicht aus", so haben wir eben in der Lesung gehört. Und dies ist Gottes Wort für unseren Alltag.

5. Gottes Sonne über Bösen und Guten

Mt 5,38–48

Die Sätze des Evangeliums reden eine so klare und eindeutige Sprache, daß wohl niemand, der sie hört, sich ihrer Schärfe und Helligkeit entziehen kann. So schlichte und zugleich so provozierende Worte hat kaum jemals ein anderer gesprochen. Sie heben buchstäblich die Welt aus den Angeln, die Welt jedenfalls, wie sie ist, *unsere* Welt, für deren eisernes Gesetz wir es halten, daß es zwischen Menschen eben *Schranken* gibt und geben *muß:* Grenzen, an denen jedes Verständnis, jede Liebesmüh einmal aufhört. Bis hierhin und nicht weiter, sagen wir, einmal hat meine Güte ein Ende. Alles, was recht ist, sagen wir und wir *kennen* das Recht, vor allem unser eigenes. Denn daß die meisten ihr Menschenrecht nie bekommen, daß ihnen fehlt, was sie brauchen: ein freier Raum, um sagen zu können, was sie denken, Anerkennung und Achtung, um sich menschlich entwickeln zu können, Essen und Arbeit, um überhaupt leben zu können – das nehmen wir hin und übersehen es um so leichter, als wir eben um uns selber besorgt sind. *Ihr* Pech, sagen wir vielleicht, trauriges Schicksal, aber jeder muß eben selbst sehen ... Als ob ich wahrhaftig nicht genug mit *mir* zu tun hätte ...

Ja, wir kennen unser Recht *und* wir wissen uns zu wehren: Soll nur niemand versuchen, mir zu nahe zu treten! Und es genügt uns nicht einmal, was wir für unser Recht halten, zu *haben,* sondern wir möchten bei allem auch im Recht *sein.* Es muß richtig sein, wie wir es machen. Was Recht ist, betonen wir, muß auch Recht bleiben. Wo kämen wir hin, wenn das Gute schlecht und das Böse gut genannt würde. Und so sprechen wir keineswegs bloß, weil wir über etwas Böses ehrlich empört sind und seine Änderung wünschen, sondern viel häufiger nur, um selber gerecht da zu stehen. Wir bleiben nicht beim Einzelereignis, sondern urteilen über *Menschen, ver*urteilen Menschen. Den habe ich kennengelernt, mit dem bin ich fertig ... Diese Welt aus Freunden und

Feinden, aus Guten und Schlechten – wir brauchen sie, um uns unschuldig zu fühlen. Offenbar können wir uns selber nur trauen, von uns selbst nur etwas halten, wenn die einen uns bestätigen und die andern unter uns stehen. Das schwarze Schaf der Verwandtschaft, das alle mit Herablassung behandeln, die Sündenböcke der Gesellschaft, die immer verantwortlich sein müssen, der Gruppenfeind, auf den jeder seine Aggression ablädt, die Juden damals und heute die Roten; die bedrohliche Welt aus Konkurrenten, Neidern, Rivalen, dieses ständige Auf-der-Hut-Sein, Sich-Belauern und Sich-ausstechen-Müssen – nicht als ob wir das alles besonders schön fänden und uns gar wohl dabei fühlten. Wir kennen ja die Konflikte, die aus dem Unrecht und dem Rechthaben entstehen; wir wissen, daß Erniedrigung Haß erzeugt, Haß Genugtuung fordert, Genugtuung Vergeltung, und wie gefährlich das werden kann, wenn die Spirale sich erst einmal dreht: Druck und Gegendruck, Schlag und Rückschlag – wie in der Physik. Bei der sogenannten Nachrüstung ist uns gar nicht behaglich zumute; wir sehen, wie viele beim Wirtschafts- und Berufskrieg auf der Strecke bleiben: die erdrückten, verelendeten und verbitterten Opfer, aber auch die Sieger: verhärtet und menschlich verkümmert. Wir wissen, wie unaufhaltsam das geht, wenn ein Wort das andere gibt, der Streit seine eigenen Gesetze entwickelt und das Ende erst kommt, wenn beide sich restlos fertiggemacht haben. Ja, wir finden es bedrückend, wie es Tag für Tag hart auf hart geht, und manchmal wünschen wir uns, daß dies alles einmal von uns abfallen möchte: das ewige Sichbehaupten, Sichwehren und Sich-rechtfertigen-Müssen. Wie häßlich das ist, daß wir uns so bereitwillig Schlechtes zutrauen! Und dann träumen wir wohl von einer Welt, in der jeder dem anderen ohne Angst und ganz offen begegnet und ihm von Grund auf wohlgesonnen sein könnte. Was wir brauchten, würde uns gegeben, und wir selbst wären so, wie wir uns wünschen: von Herzen großzügig und freundlich. Und wir schämen uns etwas, denn es gibt sie ja tatsächlich: diese seltenen Menschen, die ganz ohne Gewalt und Mißtrauen sind. Vielleicht tun wir sogar selbst ein paar zögernde Schritte, bis uns dann doch die Angst wieder einholt: Weiß ich denn, ob die andern überhaupt mitmachen werden? Werd ich am

Ende nicht bloß als der Dumme dastehen? Ach ja, es wäre so schön zu vertrauen, aber Vorsicht ist besser. Die Tatsachen zwingen uns, vernünftig zu bleiben. Der Mensch läßt sich nun einmal nicht ändern, der Lauf der Welt ist allemal stärker.
Diesem Denken nun, dem Weltlauf selbst stellt sich Jesus entgegen: „Ich aber sage euch, *liebet eure Feinde!*"
So redet nicht einer, der resigniert, sondern einer, der angreift. Der das Gesetz „Wie du mir, so ich dir" als das durchschaut, was es ist: unmenschlich und tödlich. Der deshalb den Zirkel von Gewalt und Gegengewalt aufbricht und uns tatsächlich vorschlägt, es anders zu probieren. Anders, d.h. gut zu sein, ohne erst zu rechnen und Bedingungen zu stellen. Nur wo solche Liebe versucht wird, meint er, kann es anders werden, kann Neues entstehen. Und er meint damit nicht bloß so ein unbestimmtes Gefühl, eine unverbindliche wohlmeinende Absicht, sondern Begegnung mit der Wirklichkeit, harte Arbeit, die etwas kostet.
Den *Feind* zu lieben, schlägt er vor, nicht nur den Nächsten. Nicht nur den, den wir liebens*wert* finden, dessen Umgang wir schätzen, mit dessen Zuneigung und Hilfe wir rechnen, sondern auch den andern, der uns quer kommt, der mir weh getan hat und schadet, der Nein sagt, wo ich Ja sage, der für meine Freundlichkeit nicht mal Dankbarkeit zeigt. Aber kann denn das wirklich so gemeint sein? Muß nicht, wer das versucht und sich alles gefallen läßt, sich im Grunde selber aufgeben? Tatsächlich hat man Jesu Wort so verstanden: daß man tun soll, als ob man den Haß, der einen umtreibt, die Kränkung, die einen wurmt, nun einfach nicht hätte, daß man alles hinunterschlucken, sich gegen Verleumdungen nicht wehren, sich gegen Anklagen nicht verteidigen soll. Jesus selbst scheint diese Meinung zu stützen, wenn er sagt: „Ihr sollt dem Bösen nicht widerstehen. Sondern, wer dich auf die rechte Backe schlägt, dem biete auch die andere dar!" Im Namen dieses Wortes – das dürfen wir nicht übersehen – sind Menschen unterdrückt und ausgenutzt worden. Es hat eine christliche Opferpredigt gegeben, die vielen allen Lebensmut, alle Daseinsfreude genommen und sie so weit gebracht hat, daß sie sich nicht einmal mehr trauten, ihre Wünsche nach Glück vor sich selbst einzugestehen. Allerdings wäre das wohl kaum möglich gewesen,

wenn die krankhafte Neigung, sich selber zu hassen, nicht als Möglichkeit in uns Menschen selbst läge, eine Neigung, die dann schnell, wenn sie erst einmal ausbricht, in einen Haß auf alles Dasein umschlägt. Vor allem Nietzsche, der unerbittliche Kritiker des Christentums, hat dies gesehen und den christlichen Opfergedanken als Verbrechen am Leben bezeichnet. Und in der Tat: solches Opferdenken hat schon so viele Opfer gefordert, daß man sich schämen sollte, es noch zu vertreten.

Wo immer also das Opfer zum Selbstzweck gemacht wird, ist unerbittlich Kritik anzumelden. Nicht unsere Selbstzerstörung ist Gottes Wille, sondern das Leben. Allerdings will er, daß auch der Feind, der Konkurrent, die vielen Unsympathischen leben. Und insofern gehören Selbsteinsatz, Risiko- und Opferbereitschaft nun doch zum christlichen Glauben. Das bloß negative Gebot „Du sollst dem Bösen nicht widerstehen" ist also dann richtig verstanden, wenn es in das positive, den Feind zu *lieben,* umgesetzt wird. Nicht die Hinnahme, sondern die Überwindung des Bösen ist damit gefordert, ein Handeln, das sich vom Gift des Hasses nicht anstecken läßt und das Gesetz der Gewalt unterläuft.

Gott selber will diese Überwindung des Bösen, denn Gott will das Leben. Er hat es geschaffen und möchte es erhalten. Und darin ist er vollkommen zu nennen, daß er sich niemandem versagt: „Er läßt seine Sonne aufgehen über Bösen und Guten."

Wer diesen Satz als Banalität einfach hinnimmt, der hat ihn noch weniger verstanden als diejenigen, die sich wenigstens über ihn ärgern. Denn sagt er nicht, so muß man doch wohl fragen, daß Gott gegenüber Bösen und Guten gleichgültig ist, daß also beide ihm gleichgültig sind und es deshalb auch gleichgültig ist, ob ich zu den einen oder den anderen gehöre? Nein, einen solchen Gott, der von uns und unserer Welt derart ungerührt bliebe, hat Jesus niemals verkündet, sondern im Gegenteil einen Gott, dessen Hinwendung zu uns so ernst gemeint ist, daß er niemanden ausschließt und keinen mehr losläßt. Einen Gott also, der nicht bloß der Gott derer ist, die ihn hören und ihm gehorchen, sondern der gerade darin vollkommen ist, daß er auch der Gott der Gott*losen* ist. Das ist ein Bekenntnis, das denen Mut macht und

Zeit läßt, die sich schwer tun mit dem Glauben und vielleicht auch schwer mit sich selber. Zuversicht sollen alle schöpfen, die den Gang der Dinge *nicht* sich selbst überlassen und die vor allem nie einen Menschen aufgeben möchten. Enttäuscht werden einzig und allein die frommen Egoisten, die ihren Gott bloß für sich haben wollen und sich glücklich nur fühlen, wenn sie auf andere herabsehen können. Ihnen wird widersprochen, weil sie die Türen, die bei Gott offenstehen, zuschlagen und denen, die er freundlich anblickt und sucht, den Rücken zukehren.

Denn Gott selber gönnt sich seinen Feinden, behauptet Jesus. Er liebt die, die ihn nicht lieben, aber nicht, *weil* sie ihn nicht lieben, sondern damit sie ihn lieben *können.* In dieser Liebe, die einfach anfängt und niemals aufhört und dadurch Liebe hervorbringt, ist er schöpferisch, ist er vollkommen. Nun ja, mögen wir sagen: er ist eben *Gott.* Menschen sind nicht vollkommen! Aber auch dieser Binsenweisheit widerspricht Jesus: Wie euer himmlischer Vater sollt auch ihr vollkommen sein! Und das heißt: Hört endlich auf, euch an euch selber zu messen, an dem, was ihr die unverbesserliche Natur des Menschen und den unaufhaltsamen Lauf der Welt nennt. Hört endlich auf, euch zu messen an dem Menschen, der ihr selbst seid: an dem, der die Sonne seiner Freundlichkeit und Aufmerksamkeit nur denen scheinen läßt, die sie verdient haben, die gefällig und liebenswürdig sind, nur denen aus demselben Verein, dem warmen Nest der Gleichgesinnten und Freunde. Denn wenn ihr nur die liebt, die euch lieben, was tut ihr da Besonderes? Das können auch die Heiden. Dazu braucht es keinen Gott, keinen Glauben. *Nun* aber ist *nicht* mehr der *Mensch* das Maß für den Menschen. Nun könnt ihr euch an *Gott* messen, mit *seiner* Menschenfreundlichkeit euch vergleichen. Und ihr werdet staunen, was dabei herausspringt. Das ganz und gar Unübliche nämlich, das was nicht im Lauf der Welt liegt: Großzügigkeit und Vergebung, wo Kleinlichkeit und Rechthaberei war; Zuvorkommenheit und Zuversicht, wo Skepsis und Mißtrauen herrschen; Verbinden und Teilnahme, wo Wunden geschlagen wurden und Verbitterung entstand; Verständnis und Geduld, wo ein anderer noch Zeit braucht.

Wie euer himmlischer Vater sollt ihr vollkommen sein! Wenn

dieser Satz nicht mehr als eine Forderung wäre, dann wäre er freilich vermessen, wäre Gotteslästerung und Selbstüberforderung in einem. Deshalb muß es unbedingt bei diesem Unterschied bleiben: nicht wir, sondern *Gott* ist die Liebe. *Wir* aber können ihm, der Liebe, *vertrauen,* denn sie wird uns ja *gegeben.* Was *er* begonnen hat und vollendet, das können *nun* auch *wir* tun. Dies ist es, was das Evangelium zum Evangelium macht: daß es die Logik von Gesetz und Recht überbietet. Denn bevor es etwas verlangt oder verbietet, *gibt* es uns etwas, gibt es uns ganz umsonst alles. Weil uns vergeben wird, können wir einander vergeben. Wie Jesus unser Bruder war, können wir Brüder werden. Weil Gott an ihm festhielt, der bis in den Tod liebte, so wird niemand verlorengehen, der zu ihm gehört. Deshalb können nun auch wir lieben, ohne Angst haben zu müssen und Grenzen zu setzen, lieben also, wie es die Menschen und die Welt brauchen.
Daß Gott uns diese Möglichkeit gibt und uns so vollkommen möchte, das zeigt uns tiefer als alles andere, wer Gott eigentlich ist. Denn könnte er seine Vollkommenheit nur damit erkaufen und nur darin bewahren, daß er sie für sich behält und niemand anderem gönnt, dann wäre er ein miserabler Gott, geizig, furchtsam und borniert. Nun aber wollte er uns Menschen, und nun *braucht* er uns Menschen. Aber nicht, um erst vollkommen zu werden, wie manche kurzschlüssig folgern, sondern weil er vollkommen *ist,* so vollkommen nämlich, daß er fähig ist, sich lieben zu *lassen* und vor allem: *uns* lieben zu lassen. So ernst meinte er seine Liebe, so sehr suchte er unsere Liebe, daß er sich lieber seinen Feinden ausliefern wollte, als sie für sich zu behalten. So also ist Gott, so stark seine Liebe, daß sie – ohne unterzugehen – so schwach werden konnte. Seitdem und weil dies geschehen ist, ist es möglich: Liebt eure Feinde!
Es ist also falsch, wenn wir die Bergpredigt als Moralpredigt hören. Denn bevor sie Gebote aufstellt, bietet sie die Möglichkeit des Glaubens. Auf diese Frage läuft ja alles hinaus: Ob wir uns diesen Gott gefallen lassen und dann in allem, was kommt, an ihm festhalten wollen *oder* ob wir unseren *bösen* Erfahrungen das letzte Wort geben möchten und also vor dem Haß, der Zerstörung und Zertrennung kapitulieren. Zur Zeit Jesu haben die Zelo-

ten zurückgeschlagen, die Sadduzäer sich den Mächtigen angepaßt und die Pharisäer fromm resigniert. Ihnen allen hat Jesus widersprochen.

Gibt es nicht Gründe, es mit seinem Evangelium zu versuchen? Wir wissen doch, daß bloßes Rechtsdenken niemanden wirklich frei macht und glücklich. Wir wissen doch, wohin der Weg der Gewalt führt. Und wir sehen, daß der Haß immer, auch wenn er gegen das Böse sich richtet, uns häßlich macht und entstellt. Aber wissen wir denn eigentlich auch schon, welche Möglichkeiten noch sonst in uns stecken, in uns selbst und den andern? Gibt es das denn überhaupt: einen Menschen, der *nur* falsch, nur verdorben, nur bösartig wäre? Ist er oft nicht eher unglücklich oder einfach verrannt? Und wartet er vielleicht sogar auf das Wort, das seinen Krampf löst, seinen guten Willen aufrichtet, seine verschüttete Liebe wieder freimacht? Und vor allem: Wann sind wir denn eigentlich selber am glücklichsten gewesen? Wenn wir versuchen, dieses Glück an uns zu reißen und gegen alle Welt zu behaupten, oder wenn wir vor allem und erst einmal versucht haben, jeden Menschen und überhaupt alles, auch das Widerständige und Dunkle, anzunehmen, vorbehaltlos, und uns dann dem zuzuwenden, was möglich war und getan werden mußte?

Derselbe Nietzsche, der das Christentum wie kaum jemand gehaßt hat, aber von Jesus zeitlebens fasziniert war, hat zum heutigen Evangelium geschrieben: „Das tiefste Wort der Evangelien, ihr Schlüssel in gewissem Sinn: widerstehe nicht dem Bösen! . . . Das wahre Leben . . . ist gefunden, es ist da, es ist in euch: als Leben in der Liebe, in der Liebe ohne Abzug und Ausschluß, ohne Distanz. Jeder ist das Kind Gottes . . . Ein solcher Glaube zürnt nicht, wehrt sich nicht, bringt nicht das Schwert. Er beweist sich nicht . . . er selber ist jeden Augenblick sein Wunder, sein Beweis, (das) Reich Gottes." Aber, fügt er dann noch hinzu: „Im Grunde gab es nur einen Christen, und der starb am Kreuz."

6. Die Seligpreisungen der Bergpredigt

Mt 5,1–12a

Die Worte, die wir heute im Evangelium gehört haben, sind uns von Kindheit an vertraut. Sie gehören zur Mitte der Verkündigung Jesu. Allerdings gab es Seligpreisungen auch sonst in der antiken Literatur. Da werden Menschen glücklich gepriesen, denen ein tugendsames Weib, wohlgeratene Kinder, Erfolg und ein günstiges Geschick beschieden sind, oder auch Verstorbene, die ihren Weg glücklich und angesehen vollendet haben. Der Unterschied zur Verkündigung Jesu wird sofort deutlich, wenn wir auf die Angeredeten achten. Die erste Seligpreisung nennt sie und schließt alle folgenden mit ein: Heil euch Armen, denn euer ist das Reich Gottes! Die Armen und Niedrigen sind es, ganz wörtlich und ursprünglich verstanden, diejenigen also, die von der Welt nichts zu erwarten haben und deshalb am ehesten bereit sind, etwas von Gott zu erwarten. Es sind die Menschen, die an die Grenze der Welt und ihrer Möglichkeiten gestoßen sind, die entweder durch ihr Schicksal an den Rand gedrängt wurden oder auch ganz bewußt und entschieden ihre Hoffnung auf das Kommen der neuen Welt setzen. Die Armen, die in das Gefüge der Welt nicht passen und deshalb der Welt nicht passen; die Trauernden, für die niemand einen Trost hat; die „Demütigen", denen man jede Achtung versagt oder die freiwillig kein weltliches Ansehen suchen; die Hungernden und Dürstenden, die Unrecht erfahren, was Menschen nicht wiedergutmachen und vielleicht nicht einmal wiedergutmachen können, und die sich nach einer Gerechtigkeit sehnen, von der niemand mehr ausgeschlossen wäre. Aber auch die Barmherzigen, die um ihr eigenes Recht nicht besorgt sind, auf alles Urteilen über Menschen verzichten und das Nächstliegende tun: ihr Herz dem anderen öffnen; die Friedensstifter, die den Teufelskreis von Gewalt und Gegengewalt, von Haß, Verwundung und Rache durchbrechen und Versöhnung beginnen; die Aufrichtigen, die sich auf die Ver-

schlagenheit der Erfolgreichen nicht verstehen und deren raffinierte Spiele nicht mitmachen wollen, und endlich die Verfolgten, die so unbeirrt waren in ihrem Einsatz, daß sie nach Konflikten und Nachteilen nicht fragten. Sie sind es, die selig genannt werden, weil Gott für sie einsteht; aber nicht so, daß ihre Armut und Bedrängnis nun einfach Glück genannt würde, und auch nicht nur, weil Gott jenseits der Welt auf sie wartet. Jesu Wort vertröstet nicht auf ein besseres Jenseits, so wenig es die gegenwärtige Armut um ihrer selbst willen Seligkeit nennt. Heil euch – das heißt nicht: Ihr kommt in den Himmel, auch nicht: Ihr seid schon, wenn ihr's recht versteht, im Himmel, sondern: Zu euch, die ihr Gott braucht und auf ihn wartet, ist er schon unterwegs. Gottes Herrschaft kommt zu euch! Und dies sagt Jesus nicht nur, sondern beginnt auch damit und tut, was er sagt. Darum ist Freudenzeit und die Zeit der Trauer vorbei.
Eine *frohe* Botschaft also, ohne Frage. Und trotzdem hätte ich mich am liebsten gedrückt vor diesem Thema. Denn können wir uns so ohne weiteres zu den Angesprochenen zählen? Müssen wir nicht eher rot werden und uns schämen, wenn wir die Bergpredigt hören? Und wenn wir am Ende doch nur verlegen dastehen, sollte ich uns das nicht von vorneherein lieber ersparen? Aber darf man das – andererseits – denn mit dem Evangelium machen: einfach weglassen, was uns nicht paßt? Ich meine, wir müßten wenigstens *verstehen*, was uns da gesagt ist. Deshalb bitte ich Sie, mit mir zu fragen, wen Jesus meinte, als er die Worte sagte, wen Mattäus und Lukas meinten, die sie in ihr Evangelium schrieben, und wie es – schließlich – mit uns selbst steht.
Was *Armut* ist, braucht keine Beschreibung. Man weiß sehr gut, daß es sie gibt, damals wie heute, aber man beachtet sie nicht, läßt sie links liegen. Nehmen wir also die Zeit Jesu, eine Zeit der Umbrüche und Krisen. Die wirtschaftliche Lage war schlecht: es gab Dürrezeiten, Versorgungsschwierigkeiten, Hungersnöte und Seuchen. Dazu die drückende Last der Steuern und Zölle, die die Römer aus dem armen Land preßten. Sie traf die kleinen Leute am meisten, denn die höheren und herrschenden Stände wußten ihre Interessen durchaus zu sichern. Noch mehr als die Stadtbewohner bekamen es die „Armen vom Lande“ zu spüren. Hier gab

es sie in Scharen: Bettler, Tagelöhner, Entwurzelte, Kranke, Verkrüppelte – und weil sie natürlich auch ungebildet waren und das Gesetz nicht verstanden, wurden sie obendrein noch als unfromm verachtet. Von Gott und der Welt verlassen, wirtschaftlich verelendet, sozial und kulturell erniedrigt waren sie die Ärmsten der Armen. Und gerade ihnen wendet Jesus, selbst ein Sohn kleiner Leute, mit auffallender Vorliebe und Aufmerksamkeit sich zu. Ihnen verspricht er Wiedergutmachung, Lastenausgleich und die Weltherrschaft Gottes. Die Letzten werden die Ersten sein, sagt er, die Erniedrigten erhöht, die Hungrigen satt, die Armen reich. Nicht als ob er die Reichen gehaßt und solchen Haß gar gepredigt hätte – er tut nur das Nächstliegende: ist bei denen, die in Not sind. Die Reichen haben ihr Glück ja schon, scheinen Gottes Reich gar nicht zu brauchen; und so hilft er den Armen, die zu ihm strömen, geht selber zu ihnen, heilt Lahme und Blinde, speist die Hungrigen, schenkt den Aussätzigen und Ausgesetzten Beachtung und – zum Zeichen, daß Gott keinen Unterschied macht – lädt er sie alle, auch Krüppel, Dirnen und Bettler zu Tisch. Kein Wunder also, daß die früheste Jesusbewegung aus Leuten bestand, die zumeist zu den untersten Schichten gehörten. Erstaunlich aber ist, daß sie auch nach Jesu Tod noch ganz seinem Evangelium vertrauten. Immer noch hatten sie ihre Not ums tägliche Überleben, aber sie ließen sich von dieser Sorge nicht mehr auffressen, ihr Handeln davon nicht bestimmen. Ganz fest davon überzeugt, daß der Friede Gottes und sein Reich kommen würden, zogen sie umher und bezeugten schon jetzt diesen Glauben, und das nicht nur mit Worten, sondern vor allem durch den Stil ihres Lebens. Und wenn sie jemand gefragt hätte, ob ein Leben in solcher Armut nicht zu hart, unvernünftig und einseitig sei, dann hätten sie wohl dieselbe Antwort gegeben, die später Franziskus dem Bischof von Assisi erteilte: „Herr, wollten wir etwas besitzen, dann müßten wir auch Waffen zu unserer Verteidigung haben. Daher kommen ja die Streitigkeiten und Kämpfe alle und verhindern die Liebe, deshalb *wollen* wir überhaupt nichts besitzen."
In der Gemeinde des Lukas scheint es kaum noch Bettelarme zu geben, wohl aber, neben den vielen einfachen Leuten, nun auch

Hochangesehene und Reiche. Die Kirche etabliert sich, und Lukas sieht die Gefahren. Nicht nur die Gefahr, daß die Sorgen um Besitz und Lebensgenuß das Christsein behindern, sondern daß nun auch Unterschiede entstehen, die Jesus nicht gewollt hat. Deshalb hält er seiner Gemeinde die Zeit des Anfangs als Spiegel vor Augen. Lukas ist tatsächlich der Ansicht, daß es Reiche schwerer haben, das Reich Gottes zu finden. Deshalb erzählt er von dem reichen und traurigen Jüngling, der es nicht fertigbrachte, den gewohnten Wohlstand zu lassen und Jesus zu folgen. An Jesus, dem Heiland der Kranken und Sünder, zeigt er den Vornehmen, daß die Kleinen und Verachteten zu ihm gehören. Damit sie nicht nur ihresgleichen einladen, schildert er das große Gastmahl und in der Apostelgeschichte die früheste Christengemeinde, in der alle alles gemeinsam hatten. Und mit alledem will er nicht nur sagen, daß die äußeren Unterschiede vor Gott und im Innersten nicht zählen, sondern daß es sie auch in Wirklichkeit nicht geben soll und daß sie, wo es sie gibt, abgebaut werden müssen.
Von Mattäus schließlich stammt das Wort von den Armen „im Geiste", das Wort also, das wir so gerne zu unserer Entschuldigung gebrauchen. Es ist wahr: das Leben braucht Ordnungen, Sicherheiten, Gesetze und Institutionen – Mattäus ist vernünftig genug, das zu sehen. Worauf es ihm jedoch ankommt, ist etwas anderes: daß alles äußere Handeln, wenn es wirklich helfen soll, aus innerstem Herzen kommen muß und nur dann richtig wird, wenn es weiß, wie sehr wir Gottes und seiner Zuwendung bedürfen. Daß eine bloß innere Gesinnung ohne Taten nicht ausreicht und zu Jesus nur gehört, wer die größere *Gerechtigkeit* sucht, ist natürlich auch für Mattäus keine Frage. Wir sehen also:
Armut, und zwar Armut in jeder Hinsicht: wirtschaftliches Elend, Ausschluß von Bildung, soziale Isolierung und Erniedrigung durch Menschen, Armut in allen Formen ist nach dem Neuen Testament ein Notstand, den der Gott, den Jesus verkündet und zur Welt kommen läßt, nicht will; deshalb schafft er den Betroffenen Heil, schon jetzt und in Zukunft. Wer durch Jesus Christus an diesen Gott glaubt und ihn als Vater aller anspricht, muß deshalb bereit sein, sich an die Seite der Armen zu stellen.

Dabei können vertröstende Worte allein nicht genügen. *Die Parteinahme für die Schwachen ist Kriterium des christlichen Glaubens.* Wer zu dieser Konsequenz nicht bereit ist, beweist damit nur, daß er dem Gott, der uns alles geben will, auch im Innersten nicht vertraut und sein Herz schon längst an Ziele gehängt hat, die ihn in Wirklichkeit von ihm trennen.

Selig die *Weinenden,* sagt Jesus, und er meint damit alle, die im Dunkeln leben und nichts zu lachen haben, ja oft genug von denen, die erfolgreich und im Glück sind, noch ausgelacht werden. Sie stehen Gottes Herzen am nächsten, näher jedenfalls als diejenigen, die durch ihr selbstsicheres, überhebliches Lachen verraten, daß sie im Grunde nur von sich selbst etwas halten und niemand anderem trauen. Denn wer weint, weiß ja und bringt – deutlicher als Worte es könnten – zum Ausdruck, daß es nicht gut geht und die Wirklichkeit anders sein sollte. Gewiß gibt es Tränen der Freude, doch viel öfter sind sie Protest gegen das Unrecht, Wunsch nach dem verweigerten Leben, Bitte um das Heil Gottes. Deshalb sind gerade sie, die am Boden Zerstörten, die Adressaten des Evangeliums Jesu. Denn Gott, das weiß er, sieht ihre Tränen. Nichts ist für Jesus gewisser als dieser Gott, der das Leben liebt und das Glück aller will. Deshalb kann er jeden Menschen unbefangen ansehen, seine Not merken, sein Leiden mitfühlen. Der weinenden Sünderin wird ohne weiteres vergeben; was allein zählt, ist ihr Unglück und ihr hilfloses Vertrauen. Weil Jesus ganz erfüllt ist von Gottes Liebe, trifft ihn selber, was anderen weh tut. Dabei verbirgt er keineswegs seine Gefühle. Wo immer ihm die von Not entstellten Menschen begegnen, reagiert er erschüttert: er stöhnt auf, als er den Taubstummen sieht, über Lazarus weint er. Er ist verwundbar in seiner Liebe, verwundbar durch den Schmerz, den man Menschen zufügt, verwundbar durch die Anfeindung, die auch ihn selbst trifft. Die Herzenshärte der Frommen macht ihn zornig und fast noch mehr traurig: diese greisenhafte Unfähigkeit der Gerechten, sich über Gottes Güte noch freuen zu können.

Als Trost der Gedemütigten und Bedrückten wird Jesus vor allem von Lukas geschildert. Zugleich aber auch als der Helfer, der das Leiden der Elenden bis ans Ende geteilt hat, der ihren Schmerz

kennt und Angst gehabt hat, solche Angst, daß „sein Schweiß wie Blutstropfen" wurde. Wie könnt ihr Christen sein, will Lukas sagen, wenn ihr die Bekümmerten stehen laßt, vor ihrem Leiden davonlauft und für euch allein versucht, glücklich zu werden. Als ob man glücklich sein könnte, solange Menschen irgendwo ohne Trost sind! Ebenso wie Lukas erinnert Mattäus an den Weg Jesu. Allerdings ist bei ihm nicht von Weinenden, sondern von Trauernden die Rede, und er meint damit die Traurigkeit über uns selbst, die Einsicht, daß wir der Großzügigkeit Gottes so wenig entsprechen. Mit den Weinenden weinen zu können, fordert schließlich auch Paulus. Weil nichts uns trennen kann von der Liebe Gottes in Jesus, können wir überall hingehen, Paulus weiß es aus eigener Erfahrung: „schwer belastet und doch nicht getötet, betrübt und doch allezeit fröhlich" ... Das also wäre christliche Hoffnung und Trauer: die Wirklichkeit, wie sie ist, zu übernehmen und in ihr die Auferstehungsgewißheit zu leben. Mit Trübsalblasen hat das ebensowenig zu tun wie mit dem billigen Optimismus, der für alles Leiden nur blind ist. Es heißt vielmehr, in den traurigen Verhältnissen – ohne sie zu beschönigen, aber auch ohne zu jammern – tun, was wir tun können, damit der Trost der ganzen Welt kommt.
Von der Seligpreisung der *Verfolgten* wäre weiter zu sprechen. Wie die ersten Jesusboten durch sie die Kraft fanden, Verleumdung und Bedrängnis auf sich zu nehmen und noch für ihre Verfolger zu beten; wie Mattäus seiner Gemeinde klarmacht, daß die Gläubigen im Kampf gegen das Unrecht und auch dem Feind gegenüber kein anderes Mittel haben als die Güte, die ihnen selber geschenkt ist; wie Lukas die Christen seiner Zeit davor warnt, bequeme Kompromisse zu schließen und glaubensmüde zu werden; und wie aus alledem folgt, daß die Geschichte des Glaubens auch immer eine Geschichte der Konflikte, des Aneckens, der Spannungen und der Märtyrer ist, angefangen von den Friedensboten nach Jesu Tod und den Verfolgten des römischen Reiches bis hin zu den Christen, die in Lateinamerika „um der Gerechtigkeit willen" ihr Leben riskieren oder in den psychiatrischen KZs der Sowjetunion sitzen, weil sie für die Würde und Freiheit des Gewissens eintraten. Und von den *Friedensstiftern* wäre zu reden,

den *Barmherzigen* und allen, die so ungeduldig und so zuversichtlich mit dem Reich Gottes rechnen, daß sie schon jetzt das neue Leben versuchen.
Und über *uns selbst* müßten wir sprechen. Wir haben es eigentlich schon. Da steht also der Pfarrer auf seiner Kanzel – hat Kierkegaard einmal gesagt – und predigt über Armut, Trauer, Verfolgung – und niemand findet sich, kein einziger, der lacht . . . Eine harte Bemerkung, aber die Frage muß doch gestellt sein: Was denken wir uns, wenn wir die Bergpredigt hören? Wir, die Nutznießer einer Gesellschaft, für deren Wohlstand die arme Mehrzahl der Menschheit leidet? Zugleich Mitglieder einer Kirche, die zu den reichsten der Welt gehört und den Eindruck erweckt, als sei das Einzige, wofür sie noch kämpft, die Verteidigung ihrer Privilegien und Rechte. Was denken wir bei dem Satz, daß der Jünger nicht über seinem Herrn steht, oder: es sei unmöglich, daß ein Reicher in das Reich Gottes kommen könne? Wie kommt es, daß viele, die sich um bessere Lebensbedingungen für andere kümmern, von den Christen kaum noch etwas erwarten? Wir wissen, daß es sie gibt, die Entrechteten und Verfolgten, in Litauen und Südafrika, in Argentinien und der CSSR. Aber wir selbst sind weder verleumdet noch verfolgt, schon gar nicht um Jesu oder der Gerechtigkeit willen. Wir gehören eher zu denen, die Anerkennung genießen und gegrüßt werden. Wir spielen mit, fügen uns den herrschenden Regeln. Vor allem auch dem Zwang, das Leiden zu verdrängen. Warum ist das so, daß wir es fast nur noch indirekt, durch Zeitung und am Bildschirm, wahrnehmen und wahrnehmen wollen? Selbst die Berührung mit dem Schmerz der Nahestehenden wird uns genommen, wir hören das Röcheln und Stöhnen der Schwerkranken nicht mehr. Sie sind mit ihrer Not allein und wir ohne sie. Nicht einmal das eigene Leid gestehen wir uns ein, sondern fügen uns dem Druck, es zu verleugnen oder wenigstens nicht zu zeigen. Alles steht im Bann jugendlicher Frische, Leistungsfähigkeit und Schönheit. Wir Männer, denen man das Traurigsein verboten hat, retten uns in Erfolg, verräterische Fröhlichkeit und rigide Härte gegenüber anderen und uns selber. Und so bleiben wir allein, lassen uns allein, lassen Unzählige allein. Woher aber diese Unfähigkeit, das Leiden zugeben zu

können, das eigene und das fremde? Vielleicht deshalb, weil es unseren geheimen Traum von Allmacht und Unsterblichkeit widerlegt? Weil wir, um unsere Art von Glück zu behaupten, erbarmungslos sein *müssen?* Und warum dieses zwanghafte Sicherheitsdenken, dieses Sichfesthalten an Sachen, warum das geradezu krankhafte Bangen um unser Prestige, die Unterwerfung des Lebens unter das Erfolghabenmüssen? Wie arm sind wir denn, daß wir so reich und gesichert sein müssen!
Ich stelle diese Fragen nicht aus Selbstquälerei oder weil ich Lust hätte zu spotten. Die Seligpreisungen *müssen* uns in Verlegenheit bringen. Die ganze Bergpredigt ist diese Frage: mit welcher Perspektive wir leben, was im Ernst für uns gilt, mit wem wir unterwegs sind und wohin wir eigentlich wollen.

7. Lilien und Vögel

Mt 6,25–33; Lk 12,15–31

Dieses Evangelium ärgert und fasziniert uns. So sorglos sein können – vielleicht wäre das wirklich „das Leben". Und doch: wie schrecklich naiv und unrealistisch! Und wie schwer, mit ihm und uns selbst Übereinstimmung zu finden! Ihr Christen – so hat ein Witzbold einmal gespottet – seid doch komische Leute: auf der einen Seite sagt ihr zu Gott, daß ihr euer ganzes Vertrauen auf *ihn* setzt, und dann geht ihr hin und bringt den ganzen Tag damit zu, ihm das Gegenteil zu beweisen, indem ihr vor Sorgen beinahe umkommt: in Sorgen um euer Wohlergehen, um euer Einkommen, euer Auskommen und Fortkommen, um euer Ansehen, eure Sicherheit und den lieben Besitz. Dabei meinte er das gar nicht einmal böse oder verächtlich; wie sollte man auch die Angst nicht verstehen, die so natürlich ist und von jedem gespürt wird. Werden wir durchkommen? So fragt ein Volk in Notzeiten. Werde ich's schaffen? So fragt, wer auf den Prüfungstermin wartet. Wird er mir erhalten bleiben? So fragt die Frau, deren Mann in die Klinik gebracht wird. Wer von uns wüßte nicht, was schlaflose Nächte bedeuten.

Deshalb hat man unser Evangelium naiv genannt und als unbrauchbar für das Leben belächelt. Als ob man im Ernst einem Bauern – und einem schwäbischen obendrein – den Rat geben könnte, keine Vorräte zu sammeln und für sie keine Scheunen zu bauen. Als ob eine idyllische Szene mit Lilien und Vögeln uns Vorbild sein könnte, wenn es um Arbeitsplatz und Konkurrenzkampf, um Wintergarderobe, Heizkosten und Mietpreis, um Krankenkasse, Altersversorgung oder Bausparvertrag geht. Wie lebensklug dagegen und vor Vernünftigkeit geradezu strotzend die Geschichte von Ameise und Grille, die Sie vielleicht noch aus dem Lesebuch kennen: Das ganze Jahr hatte die Ameise eifrig Vorrat gesammelt; es kam der Winter, sie hatte genug. Da erschien die Grille und bat sie um Nahrung. Die Ameise weigerte sich: Ich habe den ganzen Sommer mich geplagt und geschafft, du aber hast getanzt und gesungen. Jetzt sieh du zu! Solche Pädagogik mag uns wohl etwas hartherzig vorkommen, doch in der Sache geben wir der Ameise Recht. Wer möchte sich auch schon nachsagen lassen, daß er leichtfertig in den Tag hineinlebt und am Ende nur *anderen* zur Last fällt.

Und doch, so leicht werden wir heute mit dem Evangelium nicht fertig. Denn es sagt gar nicht, daß wir nicht arbeiten sollen. Es fordert uns nur auf, unsere Verantwortung ohne Sorge zu tragen. Und dies tut es, indem es uns auf ein Mißverständnis hinweist: den Irrtum nämlich, wir könnten uns das Leben selbst sichern, oder auch: die Sorge um seine Erhaltung sei schon – das Leben. Nicht als ob wir das im Grunde nicht wüßten. Wir sagen ja: Geld macht nicht glücklich, der Mensch lebt nicht vom Brot allein, er ist mehr als bloß eine Arbeitsmaschine . . . und trotzdem haben wir eine Welt eingerichtet, in der sich alles ums Geld dreht und wir – halb gefügig, halb willig – drehen uns mit. Sogar unser Glück ist gemanagt und käuflich geworden: Die Sektmarke entscheidet über die Qualität eines Abends, das richtige Parfüm über den Erfolg in der Liebe, und noch im Urlaub werden viele die Sorge nicht los, man würde sie um ihr gutes Geld nur betrügen oder sie hätten am Ende nicht genug zu erzählen. Eine Gesellschaft haben wir zustandegebracht, in der wir Menschen nach ihrer Leistung, Position und Gehaltsstufe taxieren: der eine promoviert, Eigenheim und A 14, der andere einfach bloß Herr Müller oder Frau Neumann, Hauptschulabschluß und Volkswagenfahrer. Die Alten hocken irgendwo am Rand mit ihrer veralteten Lebenserfahrung, die Kleinen sollen möglichst schon vor Schulbeginn lernen, das Alphabet aufzusagen und das Einmaleins vorzurechnen. Und wir selbst mittendrin im Betrieb, mit unsern „besten Jahren“ eingespannt in einen Werktag, der uns auffrißt, verplant und allmählich verbraucht. Eine Welt, in der wir kaum noch daheim sind, in der wir uns *selber* verloren und fremd wurden untereinander: dieses Dasein mit Terminkalender und Stechuhr, mit Dienstvorschriften und Rollenzuweisung, mit Lochkarten, Akten und Kontoauszügen, Wachstumsrate und Börsenberichten, mit Arbeitsnorm, Warentausch, Tarifrunden,

Überstunden. Natürlich zwischendurch die verdiente Entspannung, unsere Welt am Sonntag, das Bier zum Krimi, etwas Liegestuhl, Rasenmähen und Blumenbegießen – aber auch das oft nur zu dem Zweck, uns wieder fit zu machen und bei Laune zu halten.

Nein, *Leben* kann man das wirklich nicht nennen. Und deshalb *fasziniert* uns, was das Evangelium andeutet. Denn den Traum vom sorglosen Zustand, in dem uns nichts daran hindert, ganz *da* zu sein und verweilen zu können, uns jeden vorbehaltlos begegnen zu lassen, auf ihn einzugehen und uns selber zu öffnen – diesen uralten Traum träumen auch wir noch. Aber eben: ein Traum ist es, eine paradiesische Erinnerung vielleicht oder auch eine Sache der Zukunft, die irgendwann einmal sein wird. Aber *wann* eigentlich sein wird? Das Evangelium redet von *heute* und zitiert dabei Lilien und Vögel. Nichts Schöneres unter der Sonne als unter der Sonne zu sein . . . ach ja und wie schön! Nur: die Unmittelbarkeit der Tiere, die sich wohlig ausstrecken und schnurren und ihr Lied tirilieren – die ist nun *wirklich* unwiederbringlich. Schon mit dem Gedanken an Zukunft wurde die Zukunft auch *unsere Sache:* Wir kamen zu uns selbst und begriffen für immer, daß unser Glück nun an *uns* hängt. Unsere Gegenwart wurde zu einem Leben im Aufschub: was wir sind und sein können, müssen wir *machen!* Irgendwann hat dieser Gedanke sich wie eine Last auf uns gelegt und uns nicht wieder loslassen wollen. Wohl spüren wir, daß seitdem etwas falsch läuft: Was nützen uns die schweren Sorgen, was hilft unser Weh und Ach? Was hilft es, daß wir jeden Morgen beseufzen unser Ungemach . . . Ja, wir wollen *los*kommen von diesen elenden Sorgen oder doch zumindest, wenn sie schon zu uns gehören, Haltung zeigen und nicht alles durch ständiges Klagen nur noch verschlimmern. Ganz sicher – so trösten wir, vertrösten wir uns – wird es nicht ewig so bleiben, sondern alles einmal ganz anders aussehen. Aber dafür, meinen wir, sind zunächst die Voraussetzungen zu schaffen. Also fanden wir, um unser Glück zu erreichen, nur diesen einen widersinnigen Weg: daß wir uns *sorgen,* um sorg*los* zu werden. Und dabei blieb es vorerst und ein Jahr folgt dem andern: unser Haar wird grau, das Gesicht faltig, bei manchen melden sich Magengeschwüre.

Und wie lange schon mag es her sein, daß es gelingen wollte, uns von Grund auf zu freuen und von Herzen zu lachen. Nicht nur weil wir jemanden lächerlich fanden und uns überlegen vorkamen, nicht nur ironisch, hämisch oder bitter zu lachen, sondern – wie es zutreffend heißt – aus der reinen Freude am Dasein. Ja, den Kindern, die wir selbst einmal waren, kann das wie von selber geschehen: die kann ungeahnte Fröhlichkeit packen und bis in jede Fiber der Seele und des Leibes und bis zur Ungezogenheit durchdringen. Auch Jugendliche verstehen sich wohl noch darauf, vielleicht weil auch sie noch leben von ihren Plänen und Träumen. Uns aber, seit wir erwachsen geworden, hat eingeholt, was die einen nüchtern das Realitätsprinzip nennen und andere mit würdiger Miene als den Ernst des Lebens bezeichnen. Ziemlich matt geworden ist unsere Freude, ganz gleich, worauf sie sich richtet, getrübt von schlechten Erfahrungen, langjährigem Wissen und vom öden Einerlei unserer Tage. Wie ein Kreis hat die Wirklichkeit sich um uns geschlossen, wie eine Mauer unsere Perspektiven verstellt. Vielleicht schon haben wir alles erreicht, was erreicht werden konnte: erst 40 Jahre, und eigentlich nichts Besonderes mehr zu erwarten. Um sich vor künftiger Enttäuschung zu schützen, verbieten sich dann manche, überhaupt noch zu wünschen. Sie gönnen sich ihr kleines Vergnügen am Tag und ihr Lüstchen zur Nacht, vorausgesetzt nur, daß es der Gesundheit nicht schadet und die mühsam erworbene seelische Balance nicht erschüttert. Andere finden sich schließlich resigniert in den Gedanken, daß der Mensch fürs große Glück nun eben nicht gemacht sei. Es kommt und geht die Freude, doch gehört sie Sterblichen nicht eigen – so hört man es bei den Dichtern. Ist nicht alles Schöne vergänglich, uns nur auf Widerruf geliehen? Blieb nicht nach jeder Erfüllung eine stille Enttäuschung? Wer zum Grundsätzlichen neigt, kann über solchen Gedanken in Schwermut verfallen. Ein zäher Grauschleier legt sich über die Farben des Lebens. Es kommt mir vor, hat Kierkegaard einmal notiert, als wäre ich ein Galeerensklave, mit dem Tod zusammengekettet. Jedesmal, wenn das Leben und die Freude sich rühren, rasselt die Kette und läßt alles hinwelken – und das geschieht in jeder Minute.
Die meisten von uns sind freilich viel zu gesund, um solche Trüb-

sal zu blasen. Viel zu vital und optimistisch, um zu wünschen aufhören zu können. Sie verstehen es, verstehen es immer wieder, ihr Lebensglück an Dinge zu heften, die man überblicken und herbeischaffen kann. Und müssen dennoch erfahren, daß ihr Wünschen seine eigene Dynamik entwickelt und sie vom einen zum anderen treibt. Denn jeder Wunsch, der erfüllt ist, bringt sogleich einen neuen hervor. Das ist wie bei der Frau des Fischers im Märchen. Der Mann fing einen Fisch, der versprach, ihm jeden Wunsch zu erfüllen, wenn er ihn nur freilassen würde. Also ließ er ihn frei, und Ilsebill, die Fischersfrau, wünschte: zuerst ein kleines Haus, dann ein großes; dann wollte sie König sein und dann Papst. Natürlich wollte Ilsebill mit alledem mehr als bloß gut essen und trinken, vornehm wohnen und Ansehen genießen. Denn in allem, was wir uns erträumen und ausmalen können, suchen wir eigentlich immer dies eine: endlich glücklich zu werden, ohne Abbruch und unwiderruflich. Zuletzt wollte die Fischersfrau dann lieber Gott sein. Sie spürte wohl ganz richtig, daß es schon Gott dazu brauchte, um endgültig glücklich zu werden. Nur eben, daß sie es selber sein wollte – und so donnerte es schrecklich, die Meeresflut rauschte und beide saßen wieder im Elend, im Pisspott, wie das Märchen sich ausdrückt.

In der Tat eine drastische und naive Geschichte, und doch stößt sie uns, gerade weil sie so kindlich-konsequent denkt, auf eine Wahrheit, die wir im Tiefsten wissen und trotzdem nicht wahrhaben wollen: daß wir über unser Lebensglück niemals Herr werden können und das letzte Wort über unser Dasein nicht sprechen. Einigen wird das manchmal angstvoll bewußt, andere laufen vor diesem Bewußtsein davon und klammern sich lieber an Sachen. Denn je bedrohlicher diese Unsicherheit, desto einladender die Versuchung, sich an das Verfügbare und Nächstliegende zu halten und schließlich zu Zwecken zu machen, was anfangs nur Mittel sein sollte. Der Luxus z.B. möchte eben diese Angst um das Leben verhüllen, in Wahrheit aber stellt er sie aus. Wenn eine Ehe tot ist, kann man die Fassade polieren und die Möbel erneuern. Man kann sich tatsächlich mit Dingen eigene Bedeutung wenn schon nicht geben, so doch wenigstens vorspiegeln: Jeder Schwächling kann aufs Gaspedal treten. Die Griechen hatten die

Sage vom König Midas. Der hatte gewünscht, daß alles, was er berührte, zu Gold werden möchte. Alle Wünsche schienen erfüllbar. Aber dann hungerte ihn, er griff nach einem Apfel und einem Brot. Apfel und Brot aber wurden zu Gold. Er begrüßte den Freund, doch da war es schon nicht mehr sein Freund. Und Midas wäre zugrundegegangen, wäre ihm nicht ein anderer begegnet, der ihn von seinem selbstgewählten Gesetz, unter dem er nun stöhnte, wieder frei gemacht hätte.

Der andere, der mir begegnet, die Freude, die mir geschenkt wird – *das* also wäre es, was wir suchen: menschliches Leben? Wenn zwei sich verlieben, sind sie wenigstens in diesem Punkt der Wahrheit ganz nahe, näher jedenfalls als alle, die über sie lächeln. Denn so sehr sie auch um ihr Glück bangen (und was wohl wäre zerbrechlicher als Liebe!), werden sie doch gewiß nicht beginnen, sich auch nur das Geringste erzwingen zu wollen. Sie würden ja, was nur *umsonst* schön ist, verderben und die Liebe, die alles entscheidet, gefährden. Aber bleiben wir, wenn Ihnen die beiden zu romantisch vorkommen, auch nur bei uns selber. Woher eigentlich kommt es, daß wirkliche Freude sich oft gerade dann nicht einstellen will, wenn wir es geplant hatten und fest mit ihr rechnen? Vielleicht eben daher, *daß* wir alles hergerichtet und vorbereitet, alles für sie getan hatten und tun zu können meinten? Warum freuen Sie sich über geschenkte Blumen mehr als über gekaufte, über ein erzwungenes Lob viel weniger als über ein spontanes? Oder denken Sie: Heute früh kommt ein Brief, und ich dachte schon, ich sei lange vergessen – der ganze Tag wurde anders! Oder es besucht Sie der Kollege, den Sie mit Grund als Ihren Rivalen betrachten, und bittet Sie ganz ehrlich um einen Rat. Und waren wir, trotz aller Mühen, nicht auch mit uns selbst schon einmal am Ende? Da schleppten wir eine Schuld mit uns herum, die noch die schönsten Stunden bedrückte, oder hatten uns in eine Lage gebracht, die immer verfahrener und schließlich hoffnungslos wurde – und dann war einer da, der uns verstand oder verziehen hat oder einen Ausweg wußte oder sogar für uns eintrat. In solchen Situationen begegneten wir uns nicht nur in bestimmten Funktionen und Rollen, sondern als Menschen. Da wurde uns nicht nur irgend *etwas* gegeben – da wurden wir uns *selbst* neu geschenkt. Da waren auch wir der Wahrheit ganz nahe. Denn wenn schon Menschen so viel füreinander vermögen, wieviel mehr dürfen wir dann von *Gott* erst erwarten?

Der *Irrtum* aber, dem alle Midasse und Ilsebills erliegen und von dem auch unser Evangelium redet, dieser Irrtum bestünde dann darin, daß wir meinen, unser Leben und sein Glück seien ausschließlich *unsere* Sache. Daß wir uns deshalb auch dort noch für zuständig erklären, wo wir der anderen und wo wir Gottes bedürften. Die Angst aber, die zum Leben gehört, weil es ihr um das Leben selbst geht – dieser Angst können wir dann nicht mehr anders begegnen, als daß wir, bewußt oder unbewußt, einen lebenslangen einsamen Kampf gegen sie führen und uns dabei ebenso zermürben, wie man ein Auto zugrunde richtet, dessen Motor man Tag für Tag überlastet. Denn diese Unruhe ums Ganze wird dann unweigerlich zum Gesetz, das unser Tun bis ins Einzelne beherrscht und jede Regung von Freude erstickt. Dieser ständige Zwang, uns behaupten und anstrengen zu müssen, die Verbissenheit, mit der wir um jeden Glückszipfel kämpfen, diese Hektik, zusammenzuraffen soviel eben möglich, und der Mißmut, wenn wir einen Vorteil verpassen, die Berechnung bei allem, was wir beginnen, die nervöse Furcht, einen Fehler zu machen oder eine Blöße zu zeigen, der harte, engstirnige Geiz, der scheele Blick auf die andern, der Zweifel, ob ichs selber auch schaffe, und alle die falschen erdrückenden Sorgen – sie sind das Zeichen der Heiden, die Gott nicht kennen, oder der Kleingläubigen, die ihm nicht trauen. Sie hindern uns, menschlich miteinander zu leben.

Und trotzdem will nun das Evangelium nicht über uns richten oder spotten, sondern uns gewinnen und überzeugen. Eben deshalb weist es mit sanftem Nachdruck auf die Blumen und Vögel. Wenn ihr genauso wie sie euer Leben nicht selber gemacht habt – was zögert ihr dann, es Gott *ganz* anzuvertrauen? Und wenn er euch nicht bloß wie dem Gras, das blüht und dahinwelkt, das Dasein gegeben, sondern für sich selber und für seine *Liebe* bestimmt hat – wie sollte er euch in ihr nicht *alles,* was ihr hoffen könnt, schenken? Was also könnte dringlicher sein, als *da*rauf euer Denken zu richten? Und was *lohnender,* euer Herz dran zu hängen? Ein solcher Glaube würde keineswegs untätig werden, wohl aber alles Handeln *verändern: uns selbst in* unserem Handeln verändern. Denn sehen Sie: gerade die echten, die wirklichen Probleme, um die wir vor lauter Sorgen uns zu kümmern vergessen: wie die Welthungersnot überwunden, die Ausbeutung ganzer Völker beseitigt, wie die Ausgeschlossenen beachtet, die Beschädigten geheilt und die Hilflosen ermutigt, wie unsere Gesellschaft freundlicher, der Friede gesichert und unsere Erde auch den Nachgeborenen erhalten werden könne – gerade sie enthalten ja immer die Frage, wie wir *frei* werden, dies alles zu tun und das Notwendige dabei *richtig* zu leisten. Erst wenn uns die eigene Lebensangst nicht mehr hindert, nur wenn wir nicht ständig uns selber im Weg sind, nur dann können wir auf einen anderen wirklich eingehen, können aufmerksam sein für seine Not, aufgeschlossen im Denken, unbefangen im Urteil, sachlich bei der Arbeit, großzügig im Helfen, mutig zum Risiko und bereit auch für Opfer. Unser Evangelium also eine naive Geschichte, wirklichkeitsfremd und folgenlos für das Leben? Wer so spricht oder denkt, hat es wohl noch niemals ernsthaft mit ihm versucht.

Wie aber, wenn seine Einladung nun trügerisch wäre? Die Voraussetzung des Glaubens vielleicht gar nicht wahr? So fragt die Angst in uns, die natürliche Angst, die alles Neue verhindert. Als könnte man, *ohne* zu glauben, die Möglichkeiten des Glaubens gewinnen und seine Kraft und Wahrheit erfahren! Das Evangelium sucht uns, ermuntert uns, kommt uns entgegen – doch müssen wir uns finden und mitnehmen lassen. Wer an dieser Stelle, noch bevor er einen Schritt tut, hartnäckig erst einmal Sicherheit fordert, dem wird man mit Beweisen ebensowenig beikommen können wie einem andern, der etwa einen zwingenden Beweis dafür möchte, daß es sich lohne zu leben oder jemanden zu lieben. Vielleicht geht mancher dann seinen eingeübten Weg weiter, mit sich selbst und der Welt, wie er sagt, durchaus zufrieden. Vielleicht ist ihm eben dies aber auch unmöglich geworden, weil ihn sein Leben schon so weit geführt hat, daß sich die Grundfragen nicht mehr aufschieben lassen. Und dann kommt es zur Krise, dann sammelt die Angst ihre Kräfte, denn nichts muß sie tödlicher hassen und heftiger fürchten, als sich selber zu lassen. Wohl dem, der in diesem Strudel, wenn die bewährten Mittel versagen und alles entgleitet, nicht umkommt! So wie der Unglückliche bei dem nächtlichen Feuer umkam, von dem kürzlich die Zeitungen schrieben: Da hatten sich alle ins Freie gerettet, nur einer war in die falsche Richtung gelaufen, um noch möglichst viel mit sich zu nehmen. Und nun steht er im obersten Stockwerk, umhüllt vom Rauch und eingekreist von den Flammen, schreit um Hilfe, hört noch die Aufforderung zu springen . . . Wohl uns, wenn wir uns niemals so weit verrennen, daß unsere Umkehr durch einen Augenblick solcher Verzweiflung hindurchmuß! Aber auch dann, nicht einmal dann müßten wir völlig allein sein. Denn ist Jesus, der uns den Weg des Vertrauens zumutet, diesen Weg nicht *vor* uns gegangen? Hat er sich auf Gott nicht in allem und bis ans Ende verlassen? Und heißt es nicht, daß Gott an ihm seine Treue erwies?

Das Evangelium mit den Lilien und Vögeln aber gab er uns vorher. Und es redet von *heute*. Warum nicht *jetzt* schon seiner Einladung folgen? Verspricht es nicht, was wir alle uns wünschen? Und wüßten Sie im Ernst ein *besseres* Leben, einen anderen Weg in das *Leben?* Endlich einmal Mensch sein – so seufzen wir täglich. Soll es denn ewig bei diesem Traum bleiben? Lassen Sie mich zum Schluß nochmals von den Tieren erzählen, diesmal aber von denen unter ihnen, die uns am ähnlichsten sind in ihrer Intelligenz und – ihrer Dummheit. Ich meine die bekannte orientalische Fabel, wie man Affen einfangen kann. Indem man nämlich Gefäße aufstellt und auf ihren Boden eine Frucht legt. Der enge Hals der Gefäße läßt dann zwar die leere Hand durch, nicht aber die volle. Und so zerren sie und mühen sich vergeblich, hängen fest, weil sie nicht loslassen wollen. Nicht anders, sagt das Evangelium, wird sein Leben und sich selber verlieren, wer es so verzweifelt zu gewinnen versucht. Nicht anders werden *wir* es verlieren, wenn wir es verlernen und das krampfhafte Habenmüssen uns hindert, unsere Herzen und Hände zu öffnen und uns von Gott noch beglücken zu lassen.

8. Reden mit einem schweigenden Gott?

1 Kön 19,9–15; Mt 6,7–13

Vom großen Thomas von Aquin stammt der Satz: Wenn dir das Beten gar keine Freude mehr, sondern nur noch Überdruß macht, dann ist es besser, wenn du es läßt. Tatsächlich kommen viele Schwierigkeiten mit dem Beten daher, daß wir es empfinden als eine lästige Pflicht, die wir in eingefahrenen Geleisen und gedankenlosen Schablonen erledigen, was die Sache wiederum noch langweiliger macht. So haben wir ein Gebetsleben, wie wir daneben ein Berufs-, Familien- und Geschäftsleben führen, aber gerade diese Isoliertheit ist wohl der Grund, daß es dabei alles andere als lebendig zugeht und manch einer schließlich die Lust an dem öden Geklapper verliert. Was ist das auch für ein Gott, vor dem man zur täglichen Huldigung strammstehen muß wie der Soldat zum Appell? Was will er denn hören und was soll es nützen, wenn er ja doch schon alles von Anfang an weiß und ich bei meinen täglichen Plackereien letzten Endes allein zusehen muß. Solche Fragen geben dann den letzten freudlosen Bemühungen oft nur noch den Rest; und ich finde, es hat wenig Sinn, diesen Tatbestand als Symptom des allgemeinen moralischen Verfalls zu beklagen. Denn hier geht es gar nicht um eine moralische Pflicht, sondern um den Lebensnerv des Glaubens selbst. Den Glauben aber kann man nicht durch Forderungen zum Leben erwecken, sondern muß ihn rechtzeitig dadurch lebendig erhalten, daß man ihn dauernd auf das wirkliche Leben bezieht. Und diese Brücke, durch die der Glaube in mein Leben und mein Leben vor Gott gebracht wird – das ist Gebet. Wenn es mir auf die Dauer nicht von selbst etwas Unentbehrliches wird, dann muß in meinem Verständnis etwas nicht stimmen, und ich sollte dann sehen, daß ich mich nicht länger auf falsche Weise bemühe.

Mein *Leben* vor Gott bringen, nicht bloß meine Seele! Meine Beziehungen überdenken, Urteile über andere prüfen, mich in Entscheidungen sammeln, für etwas freudig Überraschendes danken

(aber auch für die gewöhnlichen Dinge: die Liebe der Frau, die Sorge des Mannes, die gut geratenen Kinder), was mich wirklich interessiert, besprechen und nicht irgend etwas – dies alles tun und zwar so, als ob Gott dabei wäre: das wäre Gebet. Möglichst in der Sprache, mit der ich immer umgehe, nicht in vorfabrizierten Versen. Oder auch gar nicht viel reden und einfach nur still sein. Meinetwegen auch morgens und abends, solange man dieses Geländer gebraucht, damit das Gebet nicht verkommt, das Leben selbst hat ja seinen Rhythmus von Aktion und Besinnung. Aber es mag auch Menschen geben, die diese besondere Zeit gar nicht mehr brauchen, weil sie eigentlich dauernd in einem tiefen Einverständnis mit Gott sind, wie man es manchmal bei ganz alten Freunden oder Eheleuten erlebt, die schweigend dasitzen und auch keine Worte mehr brauchen. Beten, bis daß wir alles so leben, daß Gott dabei ist – das wäre das Ziel.
Aber wer kennt nicht die mühsamen Tage, an denen wir gerade das Gegenteil spüren, Tage, wo wir alles leid sind und uns nur noch verkriechen möchten. Wo wir der andern überdrüssig und gereizt sind und eine Mücke schon Zornesausbrüche hervorruft. Wo wir stärker als sonst auch unter allem leiden: an der Eintönigkeit, am kleinsten Unrecht und auch wohl unter uns selbst. Und wenn dann niemand da ist, der erst einmal *uns* ein gutes Wort sagt, dann sollen *wir* sprechen mit Gott? Meine Worte sind ohne Echo, ich habe es aufgegeben, es ändert sich doch nichts. So sagt der Enttäuschte. Andere versuchen, Gott in besonderen Stimmungen zu finden. Da braucht es die Dämmerung eines Kirchenraums und leise Orgelmusik, einen glanzvollen Kult oder die geschmackvolle Besinnlichkeit zuhause, das Raunen der Natur und in uns dies unbestimmt-süße Sehnen. Sie suchen Gott, wie man sich in einen schönen Traum flüchtet oder eine besondere Festlichkeit inszeniert, bis dann – sehr schnell meist – der Alltag sie wieder hat und der künstliche Zauber verschalt.
Verstehen Sie mich richtig: Wenn Gott sich selber zu spüren geben will, dann soll der froh sein und danken, dem das geschieht. Aber einen Gott, den man nach Bedarf herbeiholen könnte, den gibt es wohl nicht. Der Franzose Exupéry hat einmal folgenden Traum aufgeschrieben:

Hartnäckig stieg ich zu Gott auf den Berg, aber auf dem Gipfel gewahrte ich nur einen schweren Block aus schwarzem Granit. Herr, sprach ich zu ihm, belehre mich. Doch der Granitblock blieb undurchdringlich. Herr, sprach ich zu ihm, denn in der Nähe saß ein Rabe auf einem Zweig, ich bedarf eines Zeichens. Gebiete doch diesem Raben davonzufliegen, sobald ich mein Gebet beendet habe. Ich werde Vertrauen zu dir fassen und nicht mehr allein sein. Doch der Rabe bewegte sich nicht. Da neigte ich mich. Herr, sprach ich, gewiß hast du recht. Es kommt deiner Majestät nicht zu, dich meinen Weisungen zu unterwerfen. Denn ein solches Zeichen hätte ich nur von Meinesgleichen empfangen können und wir wären einsam geblieben. Nachdem ich so angebetet hatte, ging ich zurück. Da geschah es jedoch, daß meine Verzweiflung einer unerwarteten, eigentümlichen Heiterkeit wich. Ich versank im Schlamm des Weges, ich riß mich an den Dornen wund, ich kämpfte gegen die peitschenden Windstöße an und doch kam eine gefestigte Klarheit über mich. Ich hatte Gott nicht berührt, aber ein Gott, der sich berühren läßt, ist kein Gott mehr. Und ich ahnte, daß die Größe des Gebetes darauf beruht, daß dieser Austausch nichts mit einem schäbigen Handel zu tun hat, und daß das Erlernen des Gebets im Erlernen des Schweigens besteht.

Nicht sich loswerden, sondern sich aushalten vor Gott – das wäre Gebet. Nicht eine Scheinwirklichkeit herbeizaubern mit großem Aufwand und das Außergewöhnliche suchen, sondern mitten im Leben rufen, flehen, warten, weinen, jubeln, loben – so macht es uns das Alte Testament vor. Elias – so sahen wir – hat Gott nicht im großen Spektakel, sondern im treuen Weitermachen gefunden. In allem Gott suchen, aber ohne ihn dauernd zu drängen, er solle sich doch endlich zeigen und reden! Daß Gott uns hört, ist doch nicht erst Ergebnis unserer Anstrengungen (wie bei den Heiden, die Gott erst immer wachschreien müssen), sondern Voraussetzung des Betens, weil Gott ja schon gesprochen *hat,* uns schon erhört *hat* und weiß, was wir brauchen. Und was er uns klarmachen wollte, ist dies: daß er zu finden sein will in unserem gewöhnlichen Dasein und es keine Situation geben soll, in der wir nicht rechnen dürften mit ihm. Auf diese Wahrheit, die wir schon

wissen, weil sie Jesus uns vorgelebt hat, nun mit dem eigenen Dasein die Probe zu machen, sie in den Ereignissen unseres Lebens durchzubuchstabieren und so erst richtig kennenzulernen – das wäre beten, christlich verstanden.
Was nützt dann aber das Beten? Ein kleiner Junge, der einmal nach seinem Morgengebet gefragt wurde, erklärte lakonisch: Ich bete doch nur abends, am Tage habe ich keine Angst. Ganz ähnlich die Geschichte vom Sturm auf dem Atlantik: Jetzt können wir nur noch beten, ruft der Kapitän in höchster Gefahr; und ausgerechnet einem mitreisenden Pfarrer entfährt es: Wie, ist es schon so weit? Verräterische Geschichte: Hier ist Gott tatsächlich zum abrufbereiten Helfer für unsere schwachen Stunden gemacht. Wer Gott aber nur kennt als Diener der eigenen Wünsche, soll aufpassen, daß er sich nicht verrechnet damit, und ihm hinterher keine Vorwürfe machen.
Der Nutzen des Betens – um diesen schlechten Ausdruck einmal zu gebrauchen – liegt gerade darin, daß es uns frei macht von der engen Perspektive des Nützlichkeitsdenkens. Daß wir in ihm einen umfassenderen Blickpunkt auf unser Leben gewinnen und es immer tiefer und intensiver erfahren lernen, von den hellsten bis zu den dunkelsten Seiten. Daß wir empfänglich bleiben für seine Schönheit und dem Schweren nicht aus dem Weg gehn. Daß wir den Dank nicht verlernen und den Mut nicht verlieren. Und daß wir – in eins damit – unser eigenes Leben auch dem der anderen aussetzen und für sie sogar einsetzen können, uns nicht nur mit ihnen freuen (was auch gekonnt sein will), sondern auch vor ihrem Unglück nicht Augen und Ohren verstopfen. Dann erst, wenn das Beten – so wie es aus dem Leben herkommt – uns wieder ins Handeln entläßt, werden wir auch dem schärfsten Einwand standhalten können, der gegen das Beten der Christen überhaupt angeführt wird: es sei doch nur eine Ersatzhandlung für das, was von uns selber zu tun sei. In einem Stück von Brecht sehen Bauern, wie Soldaten eine schlafende Stadt überfallen. Eingeschüchtert stehen sie von ferne: „Vater unser, hör uns, denn nur du kannst helfen, wir möchten zugrund gehn, denn wir sind schwach und haben keine Spieß und nix und können uns nix traun und sind in deiner Hand." Nur die stumme Katrin, ausge-

rechnet die Schwächste von allen, die erklettert ein Dach und weckt mit einer Trommel die bedrohte Stadt, bis sie der tödliche Schuß trifft. Sich selber retten und für andere beten: Lieber Gott, mach doch die armen Kinder in Indien satt, wenn das alles ist – das ist doch verlogen.

Aber einmal angenommen, dieser beschämende Widerspruch wäre weniger krass und wir *wären* dort, wo man uns braucht, und es würde uns vielleicht dann jemand fragen, was uns das eigentlich bedeute, zu beten – ich meine, dann müßten wir uns vor allem besinnen, wie uns Jesus selbst zu beten gelehrt hat.

Weil wir glauben, so etwa könnten wir sagen, daß wir bei allem Wirken unser Dasein uns doch nicht selber verdanken, weil wir uns selbst ein Rätsel sind und doch nicht anders können als hoffen, daß nicht der blinde Zufall das letzte Wort hat, deshalb sprechen wir manchmal von Gott und reden ihn an. Und weil wir davon ausgehen, daß er uns hört und schon bejaht hat, deshalb nennen wir ihn Vater, wie Jesus es tat. Weil es uns dabei nicht nur um uns geht, sondern Gott ein Gott aller Menschen sein will und noch Feinde zu Brüdern erklärt hat, deshalb sagen wir zu ihm: Vater unser. Weil unsere Aufgaben unübersehbar sind und unsere Hoffnung nicht kleiner wird im Laufe des Lebens, deshalb sagen wir: Vater unser im Himmel. Und weil wir hier unter Bedingungen leben, wo Menschen über Menschen befehlen und Gottes Ebenbild im Mitmenschen schmähen, weil sie zu oft Haß mit Worten des Friedens vertuschen, Tränen bringen, wo sie Heil versprachen, aber auch, weil wir protestieren gegen das Leben aus Produktion und Konsum, in das wir eingespannt sind und uns verlieren, und weil wir glücklich nur sind, wenn wir etwas Größeres als uns selbst anbeten können, deshalb bitten wir: Geheiligt werde dein Name, dein Reich komme. Aber weil wir Grund haben, uns über uns selbst und den eigenen Weg nicht allzu sicher zu sein, beten wir: Dein Wille geschehe. Und fügen hinzu: Wie im Himmel so auf Erden, denn wir lieben die Erde, zu der wir gehören und die auch Gott nicht gleichgültig ist. Wir reden vom täglichen Brot und dabei schämen wir uns, weil wir genießen, was auch anderen zustünde. Ja, wir bekennen unsere Schuld, als eines der reichsten Länder der Erde, die voller Verhungernder ist, als

Bürger eines geordneten Landes, das dennoch voller Verlassener ist, als Christen, die so wenig Zuversicht machen. Und wollen, wie uns vergeben wird, auch unsern Schuldnern vergeben, damit kein Mensch unter sich selber zerbricht, sondern Hoffnung behält. Weil wir uns also selber nur zu gut kennen, unsere Gier nach Geltung, Gewalt und Genuß, und es nicht schaffen, uns davon allein zu befreien, weil wir so schwer aus Vergangenem lernen und auch unsere Versuche, etwas zu bessern, das Schlimme oft nur vermehren, deshalb sagen wir: Und führe uns nicht in Versuchung, sondern erlöse uns von dem Bösen. Weil wir also Glauben brauchen, daß nicht alles vergeblich und umsonst sei, und es ohne einen Überschuß an Vertrauen einfach nicht geht, wenn wir täglich aushalten und gehen wollen, so weit es notwendig ist, darum sagen wir: Denn dein ist das Reich und die Kraft und die Herrlichkeit, und setzen darauf, daß Gott sei. Und Zukunft in ihm für jeden Menschen, Freude ohne Maß, ohne Angst, ohne Ende, und das meinen wir, wenn wir Ewigkeit sagen.
Deshalb also – so könnten wir sagen – *beten* wir und wollen *gläubig* unter euch leben.

9. Alles ist dem möglich, der glaubt

Mk 9,14–29

Daß Jesus Kranke geheilt hat, gehört zum ältesten und sichersten Bestand der Evangelien. Besonders Markus erzählt davon, und wir hören es gerne. Auffallender und befremdlicher ist uns schon, daß er so häufig von Besessenen und Dämonenaustreibungen berichtet. Denn *wir glauben* ja nicht an Dämonen, und so lassen wir diese seltsamen Geschichten lieber auf sich beruhen. Das Weltbild, das die Evangelien mit der ganzen damaligen Zeit teilen, hindert uns, überhaupt ernsthaft zuzuhören und zu fragen, was diese Berichte *uns* sagen können. In der Vorstellung der Alten allerdings hatten die Dämonen ihren selbstverständlichen Platz: Es waren beseelte und meist bösartige Mächte, die nicht nur im Naturgeschehen am Werk waren, sondern auch in der Geschichte der Völker und der einzelnen Menschen. Immer wenn etwas den ordnungsgemäßen Ablauf der Dinge verwirrte, rechnete man mit diesen heimtückischen Mächten. Und vor allem, wenn Menschen durch bestimmte Störungen und Krankheiten auffielen, besonders durch solche, die sie gemeinschaftsunfähig machten. Wir haben andere Namen für die, die damals als Besessene galten. Epileptiker und Taubstumme waren es, die Jesus heilte, Fall- und Tobsüchtige, von Geburt an beschädigte Menschen; oder einfach die Geisteskranken, die psychisch Gestörten und nicht zuletzt die vielen, die wir sozialgeschädigt nennen würden. Menschen, die von Ängsten getrieben und von Zwängen beherrscht sind, die geduckt leben und bösartig sein können oder auch depressiv und apathisch. Immer ist es, als seien sie von Mächten geschlagen, die sie hindern an einem freien und menschlichen Leben.

Und so, mit dieser Beschreibung, kommen wir der Gegenwart schon näher. Ich möchte Ihnen vorschlagen, unser Evangelium nicht länger nur als Bericht über etwas zu hören, das vor langer Zeit einmal passiert ist, sondern es in die Wirklichkeit zu übersetzen, in der wir selbst leben. Denn dazu brauchen wir gar nicht an Dämonen zu glauben, jedenfalls nicht an diese unheimlichen Wesen, die den Kosmos bevölkern, durch die Luft schwirren und bei Gelegenheit in die Menschen einfahren. Mächte und Gewalten aber, wie Paulus sie nennen würde, Mächte, die unser Leben einschnüren und bedrücken, uns ihre unfreien Gesetze aufzwingen und immer wieder Unglück anrichten lassen, das wir eigentlich gar nicht wollen – diese Mächte gibt es tatsächlich. Es ist das Dunkle in uns selber, die abgründige Angst, der Zerstörungswille, der das Leben belauert, die oft unerkannten Antriebe und häßlichen Wünsche. Es sind die Mächte, die *über* uns herrschen, die Folgen dessen, was Menschen einmal getan haben, dann aber seinen Lauf nahm und wie ein Verhängnis auf anderen lastet. Es ist der Einfluß, den die *Vielen* ausüben, die Maßstäbe, die irgendwer einmal gesetzt hat und an die wir uns jetzt halten; die Spielregeln, nach denen der Großteil unserer Arbeits- und noch unserer Freizeit abläuft; der Mechanismus, der überall entsteht, wo Menschen zusammen leben, und der doch so viele belastet. Meist aber wirkt alles zusammen, und die Beispiele ließen sich häufen. Auch in unserer Gesellschaft müssen ja 10 % der Bevölkerung als psychisch krank gelten: Wer ist es, der sie krank gemacht hat? Wenn in einer Familie die Eltern sich nicht liebten, hat das Folgen bis zu den Enkeln. Oder denken Sie daran, daß wir – wie es zutreffend heißt – auch unsere *eigenen* Gefangenen sein können. Gefangene unserer Schuld z.B., die wir uns nicht einzugestehen getrauen. Also müssen wir Lügen erfinden, neue Gemeinheiten begehen, noch schuldiger werden . . . Und was nur ist es, das uns ständig treibt, der Größte sein zu müssen, mehr haben zu müssen, schneller fahren, mehr verbrauchen, toller rauskommen zu müssen? Obwohl wir uns selbst und anderen weh damit tun und unsere Erde zerstören . . . Dann die Streitigkeiten, die ebenfalls nach zwanghafter Gesetzmäßigkeit ablaufen: Der Anlaß mag noch so gering sein, aber dann gibt ein Wort das andere und keiner hält die Katastrophe mehr auf . . . Oder denken Sie an die Macht, die Vorurteile ausüben können. Wie viele stöhnen darunter! Dabei genügt es schon, daß jemand Türke ist oder die Zeitung der anderen Partei liest. Als ob wir nicht selber darunter litten, wenn wir

immer auf ganz bestimmte Eigenschaften festgelegt werden und niemand sich findet, der uns anders sein läßt, uns sucht und von neuem entdeckt. Bis wirs endlich aufgeben, mitspielen und tatsächlich so werden, wie man es wünscht. Und wie dann aus Vorurteilen Haß werden kann, das Gift sich verbreitet und niemand mehr gegen die Unvernunft ankommt, bis schließlich Unzählige erfaßt sind und ein brüllendes Parlament den totalen Krieg wünscht . . . Oder nehmen Sie die Macht der öffentlichen Meinung, nach der wir uns richten, die Einflüsterungen der Propaganda, die Verführungen der Werbung: wir wissen, wir werden belogen, doch wir lassen uns belügen . . . Dann die immer wieder zitierten Sachzwänge, in der Wirtschaft vor allem, die angeblich keine Veränderung zum Besseren, zu mehr Gerechtigkeit erlauben. Und endlich, vielleicht das schlimmste Verhängnis, unsere Unfähigkeit zum Frieden. Da müssen neue Raketen gebaut werden, nur damit wir den möglichen Gegner nicht nur neunmal, sondern elfmal töten können, während anderswo Kinder an Unterernährung hinsterben und bei uns Sozialarbeiter und Lehrer eingespart werden müssen. Es ist Wahnsinn, wir wissen es alle, und doch – sagen wir – können wir nicht anders.
Es gibt sie also tatsächlich, die versklavenden, lebenhindernden Mächte. Sie kommen über Familien, Dörfer und Städte und besetzen Einzelne, Gruppen und Völker. Sie bestimmen unser Denken, Wünschen und Handeln. Meist wirken sie, ohne daß wir es merken. Aber sie können auch reden, denn sie müssen ja reden, um uns gefügig zu machen. Sie versprechen uns, das Glück, das uns fehlt, könnten wir kaufen. Sie sagen, wenn du dieses oder jenes nicht hast, bist du nichts wert. Sie reden von der kommunistischen Gefahr und der Verteidigung der Freiheit, wenn sie in Wahrheit – wie jetzt in Mittelamerika – einen Wirtschaftskrieg führen. Sie haben ihre Manager und Nutznießer, ihre Mitläufer und – ihre Opfer. Viele stöhnen unter ihnen, viele spielen mit, abgestumpft die einen, zwiespältig die andern: sie wollen heraus, neu anfangen, ein menschlicheres Leben versuchen *und* möchten weitermachen, beides zugleich. So tun wir, was wir eigentlich nicht wollen. Warum nur können wir nichts ändern? Warum ändern wir *uns* nicht?

Eben dies aber ist die Frage, die auch die Jünger gestellt hatten: Warum konnten *wir* die böse Macht nicht besiegen? Die ganze Geschichte handelt von dieser Ohnmacht *und* sie handelt vom *Glauben.* Denn, so sagt Jesus: Alles ist möglich für den, der glaubt. Ein Satz, der in die Mitte der frohen Botschaft gehört. Aber ist er auch wahr? Widerspricht ihm nicht unsere ganze Erfahrung? Können wir denn überhaupt etwas machen? Können *wir* denn den bösen Nachbarn verändern? Die Zwänge des Bestehenden aufheben? Oder gar die großen Verhängnisse aufhalten: Kriegsrecht in Polen, Folterungen in Guatemala, mehr Hunger in der Dritten Welt und mehr Waffen in der Ersten und Zweiten? *Alles ist möglich,* sagt Jesus.
Die meisten Leute in der biblischen Geschichte glauben diesen Satz nicht. Da sind zunächst die Jünger, die nicht in der Lage waren, den Jungen zu heilen. Die Schriftgelehrten haben sie angegriffen, noch bevor Jesus auftritt. Wir können uns vorstellen, was sie gesagt haben: Ihr seid nicht besser als unsere Väter, denn ihr ändert ja auch nichts. Es macht also keinen Unterschied, ob ihr hier seid oder nicht. Wie kann euer Meister behaupten, das Reich Gottes sei da, wenn die schlimmen Mächte uns weiter bedrükken?
Jesus aber, statt seine Freunde zu trösten, ist noch kritischer. Nur ein paar harte Worte hat er für sie. Er nennt sie ungläubig, findet sie kaum zu ertragen. Denn offenbar glauben auch sie nicht, daß es anders sein könnte. Also vermögen sie auch nichts gegenüber den Mächten.
Und da ist der gequälte Junge selber: das eigentliche Opfer. Sogar ins Feuer und Wasser wurde er geworfen. Selbstmordversuche – der tiefste und letzte Ausdruck von Hilflosigkeit und Ohnmacht. Jesus hört dieser Geschichte von Besessenheit und Depression zu. Hoffnungsloser Fall, würden wir sagen, unheilbar. Aber Jesus redet nicht so, für ihn sind Menschen nicht „Fälle". Vielmehr wendet er ihnen sich zu.
Und endlich der Vater mit seiner Bitte um Mitleid: Falls du etwas vermagst! Jesu Antwort zeigt, daß er verletzt ist: Falls du etwas vermagst? Alles ist dem möglich, der glaubt. Warum nur reden die Leute, warum reden wir so? Ach, sie haben ihre Schwäche so

häufig erfahren, daß sie an ihre Stärke und Kraft nicht mehr glauben. Und so fühlen wir uns in unseren ehrlichsten Stunden depressiv, hilflos und müde.

Aber dann geschieht die entscheidende Wende: Ich glaube, schreit der Vater, hilf meinem Unglauben! Das ist tatsächlich ein Anfang: Er *möchte* wenigstens glauben. Er möchte noch, daß es anders ist, daß er aus seiner Ohnmacht herauskommt. Und in der Tat, nur *damit* kann es beginnen: daß wir noch den Wunsch danach spüren, daß wir noch empört sein können über Unrecht und Lüge, daß wir noch ein Gefühl haben für die Menschen, die von Zwängen entstellt sind, daß wir uns nicht abfinden wollen mit uns selbst und mit allem und deshalb vielleicht – zu glauben beginnen.

Aber was vermag denn der Glaube? Was vermag er gegen die Mächte? Drei Dinge erzählt Markus von den Dämonen: Sie können zum Schweigen gebracht werden, denn Jesus bringt sie zum Schweigen; sie kennen ihre Gegner, so wie umgekehrt Jesus sie kennt; und sie sind besiegbar, denn sie werden von Jesus entmachtet.

Das also wäre das erste: daß die Dämonen uns kennenlernen, weil wir sie kennen und ihr Wirken durchschauen; daß wir sie zum Schweigen bringen, indem wir beim Namen nennen, was ist. Daß wir aufmerksam werden, hinsehen und ein Urteil gewinnen. Daß wir uns das Leiden angehen lassen: das Leiden der Bedrückten und Versteckten, das Unglück der Überanstrengten und Betrogenen, die Not der Zertretenen und Allerärmsten. Daß wir mit einem Menschen sprechen, statt *über* ihn zu sprechen. Daß wir die Ursachen seines Verhaltens verstehen. Und daß wir die großen Zusammenhänge erkennen, uns also zunächst informieren, nicht aus der Bildzeitung, sondern aus Berichten, die uns vielleicht etwas Anstrengung kosten, aber dafür wirklich Aufschlüsse bringen. Denn sehen Sie: der Gastarbeiter in Berlin-Kreuzberg, die erschöpfte Mutter am Rand von Sao Paulo, der Bankpräsident in Frankfurt am Main: sie alle sind ja Figuren im selben Spiel. Letztes Jahr war in einer Anzeige zu lesen: Wir raten Ihnen, 25% Ihres Geldgewinnes in die Rüstungsspekulation zu stecken. Dahin also kommt es, wenn die Mächte außer Kontrolle geraten und nicht mehr weiter, nicht mehr nach den Menschen gefragt wird. Aber wir müssen doch rüsten, sagen wir, eben wegen der Russen. Wir bauen Bomben, damit die Bomben nicht fallen. Damit die Bomben nicht fallen? Die Bomben fallen doch jetzt schon! Denn weil wir nicht abrüsten können, können wir die Hungrigen nicht speisen. Stattdessen müssen wir für Wirtschaftsexpansion sorgen. Auf diese Weise hat es etwa in Brasilien durchaus ein Wirtschaftswunder gegeben, nur: die Armen sind hungriger denn je, und eine der Ursachen dafür ist, daß ihre Grundnahrungsmittel nicht mehr angebaut werden. Statt dessen baut man für den Export an, züchtet auf besten Teilen des Bodens Erdbeeren und Orchideen, im Interesse weltwirtschaftlicher Verflechtung. Andere Länder werden zu Monokulturen, wir können dann die Preise diktieren, sie gänzlich abhängig machen. Zur Niederhaltung von Unruhen werden Waffen geliefert, deren Produktion wiederum die Wirtschaft ankurbelt ... Gibt es denn wirklich kein Entrinnen aus diesem Zirkel, ist das alles denn Schicksal? Oder sind da Interessen beteiligt, die nur nicht beim Namen genannt werden wollen, Verflechtungen, die durchschaubar sein müssen, weil es doch Menschen sind, die sie hergestellt haben.

Es genügt aber nicht, die Dämonen beim Namen zu nennen. Wir müssen auch den Widerstand lernen. Denken Sie daran, daß Jesus von den Leuten, die ihm bei der Bergpredigt zuhörten, verlangt hat, Friedensstifter zu werden. Selig die Friedensstifter, sagt er, Kinder Gottes sollen sie heißen. Ein ungeheuerliches Wort damals, denn Friedensstifter war einer dieser schmeichlerischen Titel, mit denen die Kaiser sich anreden ließen. Und weil sie für Ruhe und Ordnung im Reich sorgten, wollten sie obendrein noch Söhne Gottes genannt werden. Wenn Jesus also diese Worte benutzt, um einfache Leute so zu benennen, dann heißt das: Wartet nicht immer nur, der Friede kommt nicht von oben, er wird nicht bloß in Jerusalem und Rom, in Washington, Bonn und Moskau entschieden, sondern durch gewöhnliche Männer und Frauen. Und *wenn* ihr ihn versucht, seid *ihr* die Kinder des Höchsten, weil ihr Anteil habt an der Macht Gottes.

Noch einmal sind wir damit bei unserer Geschichte von Unglau-

be und Ohnmacht. Jesus widerspricht dem Falls-es-möglich-ist-Gerede, widerspricht ihm im Namen des Glaubens. Es scheint also, wir müssen neu über den Glauben nachdenken. Da haben wir gelernt, daß Glaube Vertrauen auf Gott sei. Und das ist wahr: Alles muß damit beginnen, daß wir uns von Grund auf befreien und von Gott schenken lassen, was nur er geben kann: seine Liebe und seine Verheißung. Aber würden wir darauf tatsächlich vertrauen, dann würden wir *in* dieser Liebe und *aus* dieser Verheißung auch *leben,* würden angstloser sein, mutiger auftreten, entschiedener handeln. Stattdessen sieht unser Vertrauen so aus, als wäre alle Kraft und Stärke bei dem, auf den wir vertrauen, und alle Schwäche bei uns, *die* vertrauen. Glaube ist aber mehr als das Vertrauen des Kindes auf den starken Vater: er befähigt uns, endlich erwachsen zu werden. Dies meint die Bibel, wenn sie uns als Ebenbild Gottes bezeichnet. Wir sollen uns ansehen als solche, die wie Gott handeln können, in einer mächtigen, schöpferischen, Leben fördernden Weise. Das ist keineswegs Größenwahn, sondern eine Erfahrung, die wir selbst machen können. Denken Sie nur an die Beispiele, wo Sie etwas gewagt haben und Neues entstand: daß Sie einmal eine Liebe versucht haben, die ein Leben lang hielt. Oder daß Sie es fertigbrachten, für einen Menschen ganz aufmerksam zu sein, und er dann wieder Lebensmut schöpfte: Sie verstanden es, Hoffnung zu wecken! Oder wie Sie eine Denkgewohnheit durchbrachen und neue Einsichten fanden. Oder auch erfüllt waren bei einer Arbeit, die zwar niemand bezahlte, die aber einem anderen half. In solchen Erfahrungen sind wir mit dem Leben verbunden, sind wir Ebenbild, Nachahmer Gottes, weil wir wie er handeln und das Gegebene überschreiten, weil wir *Neues anfangen* können.
Alles ist möglich, sagt Jesus, und er sagt es nicht nur über sich, sondern für alle, die glauben. Deshalb ist es falsch, ihn zum fabelhaften Wundertäter und uns selbst ganz klein und niedrig zu machen. Er ist nicht da oben und wir da ganz unten. Er behält seine Macht nicht für sich, denn das wäre böse Macht, eine Macht gegen andere. Seine Macht ist die gute Stärke, die größer wird, indem sie uns an sich teilgibt. Es können noch Wunder geschehen, und es geschehen ja Wunder: die Menschen, die sich plötz-

lich besinnen und einen neuen Lebensstil proben; die jungen Leute, die lieber die Armen in den Anstalten säubern als den Kriegsernstfall zu üben; die anderen, die auf ihre Karriere verzichten und den Menschen irgendwo in Afrika zeigen, wie sie sich selbst helfen können; die Männer und Frauen, die nicht verstummen, obwohl ihnen Gefängnishaft droht; die Lehrer, die mehr tun, als ihre Beamtenpflicht fordert; die Nachbarn, die verfeindet waren und nun doch noch die alte Fehde begraben; die Stillen, die die Traurigen trösten und bei den Entmutigten bleiben.

Und noch eines möchte ich sagen: Auch für Gott selbst ist alles nur möglich durch die, die an ihn glauben. Gott selbst setzt auch auf uns sein Vertrauen. Es ist doch auffallend, daß dieselben Leute, die Gott nur als allmächtigen Übervater betrachten, in der Regel die ersten sind, die ihn wegen der mißlichen Verhältnisse auf der Erde anklagen. Die anderen aber, die anfingen mit seiner Liebe, waren meist auch bereit, sein Schicksal unter den Menschen, das Schicksal Jesu zu teilen. Sie haben nicht erst gefragt und gerechnet, sondern einfach getan, was Menschen tun können.

Und wer sagt denn eigentlich, was Menschen tun können? Wer sagt denn, daß Friede nicht möglich sei, daß Gerechtigkeit nicht sein könne auf unserer Erde, deren Vorräte reichen für alle? Daß die Verhältnisse nicht freundlicher sein könnten auch für jeden bei uns, daß die Bedrückten ohne Freiheit und Trost bleiben müssen? Alles ist möglich, wenn wir frei werden im Glauben. Wir können noch nachdenken und urteilen, können umkehren und Neues beginnen. Es ist möglich, zu glauben.

10. Schenken und Sich-schenken-Lassen

Mt 18,21–35; Eph 4,22–5,2

Nichts tut uns so gut, kaum etwas haben wir lieber, als wenn man uns schmeichelt. Sonst gehen sie Ihnen wohl auf die Nerven, der Kollege und die Nachbarin, was sie über ihre Arbeit und Krankheiten schon wieder alles zu berichten haben. Dann wünschen Sie sich weg – aber auf der Stelle werden Sie hellhörig, wenn man Ihnen Beifall spendet: Eine gute Arbeit haben Sie da geliefert . . . Einfach toll: Ihr gestriger Auftritt . . . Ich bin überrascht über Ihre Fähigkeiten ... Ein angenehmes Äußeres, eine blendende Erscheinung, ein bezauberndes Wesen – all diese Bestätigungen, wir brauchen sie wie das tägliche Brot, wie die Luft, die wir atmen. Wir brauchen sogar noch *mehr* als bloß gelegentlich Lob. Denn wann immer wir aus sind auf Anerkennung und Glänzen, bei der Arbeit oder in Gesellschaft, öffentlich oder intim, der Bekannte, Schüler, ein Mädchen oder der Freund, jeder wartet im Grunde auf besondere, noch tiefere Worte: Ja, du bist anders als die meisten . . . dich brauche ich . . . ich habe dich gern . . .

Und es ist hart für die, die solche Worte nie oder nicht mehr zu hören bekommen. Das kann tiefer verletzen und wirksamer quälen als ein zwar grobes, aber einmaliges Unrecht. Gewiß, eine Frau wird sich durch einen Ehebruch ihres Mannes tief beleidigt fühlen, aber schlimm trifft es sie auch, wenn sie lebenslänglich spüren muß, daß er die Heirat mit ihr als die größte Dummheit seines Lebens betrachtet. Oder ein Angestellter: sein Chef nennt ihn in schlechter Laune mal einen Idioten, aber schlimmer kränkt es ihn noch, wenn er seine Fähigkeiten niemals anerkennt und weniger Tüchtige vorzieht. Ein Vater verletzt seinen Sohn wohl damit, daß er ihn einmal ungerecht bestraft, noch mehr aber, wenn er ihm ständig mißtraut. Und ein Kind beleidigt seine Eltern weniger durch Dummejungenstreiche als durch dauernde Undankbarkeit. Und wie viele mag es unter uns geben, die ständig schon dadurch beleidigt werden, daß man sie einfach übersieht, so tut, als wären sie Luft. Das löscht einen Menschen im Kern aus. Das ist, als schnürte man ihm langsam die Luft ab und sagte dabei: du bist eigentlich überflüssig; wenn du fehltest, würde dich keiner vermissen.

Und wie viele sind es, die es deshalb einfach nicht schaffen, sich *selbst* anzunehmen, eben weil sie nie ein *anderer* annimmt. Und so nähren sie einen unversöhnlichen Hader gegen sich selber. Du bist vielleicht nicht gesund, durch irgendeine Schwäche gehemmt oder findest dich häßlich, du hast nicht die verdiente Ausbildung erhalten und von Haus aus wenig Kraft mitbekommen; die Kameraden verstehen dich nicht und in der Arbeit kommst du nicht weiter, obwohl mehr in dir steckte. Und dann denkst du: Ja, wenn ich bei guter Gesundheit wäre, ein besseres Aussehen hätte, wenn ich einen Vater gehabt hätte, der mich verstanden hätte ... Und du blickst auf die andern: Natürlich, der da, der kann das, aber ich ... Wenn ich seinen Verstand, seine reichen Mittel, ihre hübsche Figur mitgekriegt hätte – und in deiner Stimme klingt unglücklicher Neid auf die andern, eine Spur von Groll gegen dich selbst und das Leben.

Wir wissen wohl, was wir brauchten: daß jemand uns annimmt und mag, so wie wir sind. Aber eben dies ist es auch, womit kaum jemand rechnet. Wir brauchen ja nur uns selber betrachten, wie es vor sich geht, wenn *wir* jemandem Aufmerksamkeit schenken. Wenn wir seine witzige Intelligenz oder seine Freundlichkeit schätzen, seinen Umgang oder seine Hilfe uns wünschen: immer dann ist er liebens*wert,* begehrens- und beneidens*wert.* So ist das mit unserer Liebe: sie ist *arm,* hat schon Plato gesagt, und immer muß sie darauf aus sein, daß für sie etwas abfällt. Und weil wir selber nur lieben, indem wir begehren, können wir uns auch nur vorstellen, daß jemand *uns* annimmt, wenn auch wir begehrenswert sind. Eben dies aber ist ja, was uns so quält: daß wir *sind,* wie wir sind, durchaus durchschnittliche Typen. Gar nicht viel, was uns besonders anziehend und interessant machen könnte.

Und so kommt es dann leicht, daß sich die *Lüge* in unsere Beziehungen einschleicht. Wir geben uns nicht, wie wir sind, sondern wie wir sein möchten oder andere uns wollen. Über- und untertreiben, je nach Bedarf, um akzeptabel zu sein. Es ist wie ein Gesellschaftsspiel, beide Seiten gehen nur zu gern darauf ein. Spielregel ist, schonungsvoll nie zu erkennen zu geben, daß man sich schon lange durchschaut, vielmehr zartfühlend Umwege zu gehen, Interesse zu spielen und unter allen Umständen gegenseitig die Rollen zu achten. Z.B. Gehör zu heucheln für den Wichtigtuer mit seiner bedeutenden Arbeit oder seinen unvergleichbaren Leiden, obwohl wir ganz innen über ihn lächeln. Oder einen tyrannischen Egoisten in der Rolle des Selbstlosen oder gar zärtlichen Liebhabers zu bestätigen, obwohl er mal einen klaren Hinweis brauchte. Oder mitanzusehen, wie eine Freundin ihre Kinder vergöttert, obwohl ihr Getue anfängt, uns mit Recht auf die Nerven zu gehen. Letzten Endes aber ist es nicht viel, was wir auf solche Weise gewinnen. Denn Unwahrheit schafft Zwänge, Versteckspiel macht fremd voreinander und uns keineswegs glücklich. Uns *klar* und *un*verstellt sehen und dann doch angenommen werden, so wie wir sind: *das* ist es, was wir nötig hätten, um frei zu werden und Mensch sein zu können:

> Wenn du einen dann und wann nicht leiden kannst,
> dann geht die Lieb erst an.
> Und wenn du eines anderen Schwächen kennst,
> und wenn du ihn dann gerne lästig nennst;
> wenn irgendein Kollege anders ist,
> und einer anders denkt, als du erzogen bist –
> wenn du ihn leid bist dann und wann,
> dann erst fängt Liebe an.

Diese Liebe, die anfängt, wo alles gewöhnlich aufhört, die nicht irgend *etwas* am anderen will und zur Bedingung erhebt, sondern ihn *selbst* in aller Klarheit bejaht: das ist *Vergebung*, Vergebung im weitesten Sinn. Wohl jeder hat sie nötig, um Mensch sein zu können, aber gerade sie scheint fast menschenunmöglich. *Normal* ist doch, jemanden fallenzulassen, wenn für uns nichts mehr abfällt: Den habe ich kennengelernt, *der* Ofen ist aus. Viele Ehen werden langweilig und hohl, sobald beiden klar wird: der andere ist auch nicht viel anders als alle. Normal ist, jemanden auf das festzulegen, was er ist oder einmal getan hat, und ihm keine Chance mehr zu geben. Normal ist, sich gar nicht erst für den zu interessieren, der für mich eben nicht interessant ist.

Und doch: Menschen sind darauf *angewiesen*, sich gegenseitig das Wort zu sagen, mit dem sie sich annehmen und so den Sinn ihres Daseins selbst spüren lassen. Es hilft uns ja nicht, es uns selber zu sagen, uns gleichsam selbst auf die Schulter zu klopfen, so wie es Münchhausen nicht half, sich im Sumpf an den eigenen Haaren zu ziehen; und der verzweifelte Versuch, sich selber zu nehmen, was einem nie geschenkt wurde und doch nur geschenkt werden kann, fixiert und verschlimmert nur das Unglück. Der hochtitulierte Herr z.B., der alles in seine Karriere investiert hat und nun isoliert ist; der Streber, der krank ist vor Ehrgeiz, aber ohne ihn zu leben verlernt hat; der Zyniker, der über andere schonungslos spottet, um seine Selbstachtung zu retten, wie der Phantast, der es bei sich selber nicht aushält; das Ehepaar, das vor einem Neuanfang ebensolche Angst hat wie vor dem Auseinandergehen und sich nun im zähen Kleinkrieg dahinquält; dann der Alte, der – von allen belächelt – mit seinen Nörgeleien seinerseits die Atmosphäre vergiftet; der Ästhet, der seine Genußfähigkeit kultiviert, die verhärmte und verhärtete Frau, die sich enttäuscht allein noch der Arbeit verschreibt, und endlich die vielen, die ständig die Furcht treibt, sie seien nichts wert oder könnten mißfallen, und mit all ihrem Handeln nur die einzige Anstrengung ausdrücken, doch bitte nicht übersehen zu werden – sie alle versuchen verzweifelt zu nehmen und allein zu gewinnen, was ihnen hätte *geschenkt* werden müssen.

Ja, wie viele mögen es sein, für die sich eben nie jemand fand, der ihnen das bejahende Wort sagte und ihrem Dasein so Sinn und Berechtigung gab. Und wenn ihnen dann auch noch jedes *äußere* Recht verweigert oder streitig gemacht wird und sie dann versuchen, sich *gewaltsam* zu nehmen, was man ihnen nicht gibt, dann kommt die ganze Lawine von Schuld und immer neuer Vergeltung ins Rollen. Jugendkriminalisten und Sozialämter können Ihnen die Beispiele nennen, doch wir selbst geben wohl auch einige her. Druck und Gegendruck, heißt das Gesetz, wie in der Mechanik. Aus dem Rußland der Zarenzeit wird berichtet: Da machte sich ein Grundbesitzer ein Vergnügen daraus, seinen Knecht nach Belieben mit der Peitsche zu quälen. Bis eines Tages ein Kind des Bauern einer Vergiftung erliegt und der Knecht erlebt, wie sehr der Vater an seinen Kindern hängt. Da kommt ihm der Gedanke zu einer fürchterlichen Rache: Er läßt die Kinder Brotkügelchen schlucken, mit einem Widerhaken darin. Es war fürchterlich, wie das kleine Mädchen dann starb, aber *er* dachte nur an die Peitsche. Jetzt war er nicht mehr ihr Opfer, sondern ihr Richter und Henker geworden . . .

Eine solche Geschichte erschreckt uns, und doch hat sie ihre durchaus verständliche Logik. Wir zögern mit unserer Empörung über die Rache des Knechtes, der so oft gequält und gedemütigt wurde, denn was hier auf ein grausames Ende zutreibt, ist dasselbe Gesetz, das wir von unserem eigenen Leben her kennen: das natürliche Gesetz von Leistung und Forderung, Beleidigung und Vergeltung, Schlag und Gegenschlag. Es ist das Gesetz, unter dem wir als Menschen verkümmern. Natürlich werden *wir* uns nicht gegenseitig umbringen. Aber kalt lassen und fertigmachen können wir uns auch dann, wenn wir äußerlich korrekte Grenzen einhalten. Die wirkliche Alternative, das grundsätzlich andere Leben bestünde darin, daß in ihm Vergebung begänne. Und Vergebung – darauf deutet das Wort schon – bedeutet: ganz umsonst und ohne Bedingung jedem Menschen geben, worauf er angewiesen ist, um selbst menschlich werden zu können: das Wort, das ihn annimmt, so wie er ist und noch in seiner Schuld.

Wie stark wir den Wunsch danach spüren, zeigt sich schon daran, daß wir über den Knecht, von dem das *Evangelium* erzählt, eindeutig empört sind. Denn dieser würgt seinen Schuldner, obwohl er gerade selbst noch Vergebung erhielt. *Ihm* wäre ein anderes Leben *möglich* gewesen, denn die Verkettung von Schuld und Vergeltung war ja im Evangelium durchbrochen. Gott selbst hat Vergebung begonnen – dies will das Evangelium sagen. Jesus ist das unbedingte Ja Gottes zu uns, sagt ebenso Paulus. Und die Lesung heute zieht die Folgerung daraus: Weil Gott euch vergeben hat, könnt auch *ihr* einander vergeben. Der neue Anfang bestünde dann in nichts anderem, als zuerst dies Geschenk uns ganz einfach gefallen zu lassen. Alles weitere würde sich dann von selber

ergeben. Denn dann könnten wir die Sorge um uns selber vergessen, dann brauchten wir uns nicht mehr verstellen, dann müßten wir nicht immer unsere Rechtfertigung suchen und Genugtuung fordern, sondern könnten vom Denken an Lohn und Strafe ablassen und beginnen, was Menschen hilft und ihr Unglück verringert.
Dieser Gedanke also wäre das Erste: Ich, einer von den vielen ganz gewöhnlichen Menschen, die Nietzsche als Ungeziefer bezeichnet und Friedrich d.Gr. verächtlich Kanaillen genannt hat, bin doch in den Augen Gottes von unendlichem Wert. Wir dürfen also aufatmen, dürfen sein, wer wir sind: es ist gut mit mir, gut, daß ich da bin. Und so – befreit vom Zweifel an uns selbst und der Last, uns behaupten zu müssen – dann eine Atmosphäre schaffen, in der *alle* frei atmen und sie selber sein dürfen. Das wäre das Klima der Großzügigkeit und Vergebung, das in der Lesung gemeint ist. Die Nachahmung Gottes, der selbst bedingungslos gut ist. Verfeindete Nachbarn grüßen sich wieder, ein Mann sagt seiner Frau noch nach Jahren, daß er sie liebt, Verschüchterte lernen von neuem das Lachen und Egoisten, zuvorkommend zu sein. Das Ja, das Gott in seinem Sohn zu uns sagte, hat er in unsere menschlichen Hände gelegt, damit wir uns gegenseitig mit Sinn und mit der Freude am Leben beschenken.

11. Feigenbaum und Weinberg

Lk 13,6–9

Feigenbaum und Weinberg, die keine Frucht bringen, obwohl sie der Gärtner doch mit so viel Liebe und Sorgfalt gepflegt hat – dieses Gleichnis hätte den Juden Eindruck machen und ihnen verständlich sein müssen, weil sie es schon oft gehört hatten. Über Jahrhunderte hin haben die Propheten nämlich diese Bilder gebraucht, um Gottes besonderes Verhältnis zu Israel damit zu beschreiben. Alles, was dieses Volk ist, ist es allein durch Jahwe, seinen Gott. *Er* hat es aus Ägypten geführt, es wie einen Weinberg in einem neuen schönen Land eingepflanzt und in ihm geschützt und gepflegt. Aber Israel hat sich an seine Auserwählung gewöhnt, sich sicher gefühlt, ohne Gottes besonderer Liebe und seinen Wohltaten auch zu entsprechen und allein im Vertrauen auf ihn und nach seinem Willen zu leben. Immer von neuem haben deshalb die Propheten dem Volk seine Undankbarkeit vor Augen gehalten: Gott werde seinen unfruchtbaren Weinberg zur Rechenschaft ziehen, das nutzlose Rebholz zerhauen und das dürre Gestrüpp in den Flammen vernichten. Als dann trotz aller Warnungen sich kaum etwas änderte und die angekündigten Katastrophen tatsächlich eintrafen, die Assyrer nämlich das Nordreich zerstörten und die Babylonier später auch noch die Bewohner von Juda in die Gefangenschaft schleppten, haben die Propheten den verwüsteten Weinberg voller Trauer besungen. Gleichzeitig aber haben sie dasselbe Bild dazu verwendet, dem zerschlagenen Volk in seinem tiefsten Unglück neue Hoffnung zu machen: Wieder erbaue ich dich, spricht Jahwe, daß du von neuem dastehst; und: Ein neues Reis wird hervorgehen aus dem Wurzelstock Jesse.

Und nun, im heutigen Evangelium, sehen wir Jesus dastehen und von neuem die alte Geschichte erzählen, ein Zeichen, wie ernst er die Lage einschätzt. Nun ist er selber der Gärtner, die Juden der Weinberg, Gott selbst der Besitzer. Noch ist es Zeit für jeden Hörer, sich den Dienst des Gärtners, das Evangelium Jesu, gefallen zu lassen. Doch wir kennen den Ausgang, Mattäus hat ihn im verwandten Gleichnis von den untreuen Winzern geschildert: Wie sie früher Gottes Propheten gesteinigt, so ergreifen sie zuletzt auch den Sohn, den der Herr zu ihnen schickt, und schlagen ihn tot. Und wiederum hat die Geschichte – wie die Evangelien ebenfalls wissen – das Gericht an ihnen vollzogen.

Aber mit dieser Feststellung dürfen wir unsere Betrachtung nicht enden. Wir können nicht bloß den Zuschauer spielen. Lukas hat das alles ja nicht berichtet, damit wir uns nun unsererseits über Schuld und Unglück der Juden erheben. Solche Distanz wäre vielmehr das untrügliche Zeichen, daß wir bereits dabei sind, eben derselben Gefahr zu erliegen, nämlich an unserer – nun der christlichen – Berufung zu scheitern. Zwar seid *ihr* zum Glauben gekommen, warnt Lukas, aber täuscht euch nicht über ihn: Wenn er nicht stark genug ist, daß er euer ganzes Leben von Grund auf bestimmt und verändert, wird er auch euch zum Gericht.

In einem alten Kirchenlied heißt es: Mache den Gedanken bange, ob das Herz es redlich meint! Ein wahrhaft nützliches, ja notwendiges Gebet – finde ich – angesichts der raffinierten Versuchung, den Glauben mit Worten, bloßen Ansichten oder Gefühlsstimmungen zu verwechseln. Als ersetzte dies alles auch nur den geringsten, aber realen Entschluß. Unser Gleichnis ist eine einzige Warnung vor der Täuschung, es könnte Glauben geben ohne entsprechendes Tun, man könne Liebe erfahren ohne selber zu lieben. Das Schlimmste, was uns geschehen kann, schlimmer als jede Ketzerei ist es, Christentum bloß zu *spielen.* Vielleicht so gekonnt zu spielen, daß wir es gar nicht mehr merken. Und gerade im christlichen Glauben kann man sich so gefährlich leicht täuschen. Denn das Evangelium sagt ja beständig, Evangelium selbst heißt ja: daß uns alles *geschenkt* wird. Aber, Schlaumeier, die wir nun einmal sind, haben wir uns unseren eigenen Reim drauf gemacht, haben getrennt, was zusammengehört. Das Evangelium sagt in der Tat: Gnade und Glaube zuerst; aber nie: Glaube ohne Werke. Wir aber sagen: Entweder-Oder! Sollen es Werke sein, nun gut. Aber dann möchte ich auch darum bitten, daß sie als mein Verdienst gelten können. Und so sehen wir sie denn, die häßlichen Christen, wie sie sich für gerecht halten und über alle Welt zu Richtern erheben. Soll es aber Glaube an die Gnade sein, so sagen die anderen, dann auch gut. Aber dann darf es auch auf die Werke nicht so unbedingt ankommen, sonst ist es ja keine Gnade. Aber Gnade und Werke zugleich?

Ja, heißt die Antwort: beides zugleich! Freilich: die lange christliche Tradition hat oft beides einander gegenübergestellt. Aber daran waren betrübliche äußere Anlässe schuld, und außerdem ist es ja so, daß sich die ganze lebendige Wahrheit des Glaubens nur in gegensätzlichen, einander ergänzenden Aussagen ausdrücken läßt. Paulus z.B. hatte recht, die pharisäische Gesetzlichkeit, in der nur zu leicht alle Liebe erstirbt und Selbstgerechtigkeit sich aufspreizt, zu attackieren und alles Gewicht auf den Glauben und die *Gnade* zu legen, ebenso wie Luther gegen den Gnadenhandel und den Frömmigkeits- und Leistungsbetrieb des Spätmittelalters im Recht war. Aber auf der anderen Seite haben die Gerichtsgleichnisse und der Jakobusbrief, die so deutlich auf die *Werke* des Glaubens Wert legen, ebenso recht, gegenüber denjenigen nämlich, die sich die Gnade zu billig zu machen versuchen. *Billige Gnade:* das ist Vergebung ohne Umkehr, Gemeinschaft ohne Nachfolge, Sakrament ohne Erneuerung, kurz: Glaube ohne Früchte. Es ist zu billig, das Heiligwerden nur den paar wenigen erklärten Heiligen zu überlassen, weil wir – wie sagt man doch? – nun mal eben alle keine Heiligen sind. Es ist zu billig, von vornherein den armen Sünder zu spielen, dem Gott schon verzeihen wird. Es ist zu billig, Nutznießer der Erlösung zu sein und Jesus nur zu bewundern, statt ihm zu folgen, so wie in der Geschichte von den italienischen Soldaten im ersten Weltkrieg: ihr Oberst springt auf und stürmt ihnen mit dem Ruf „Avanti, avanti!" voran, während sie in den Gräben hockenbleiben und ihm mit leuchtenden Augen „Bravo, bravissimo" nachrufen. Sie bewundern ihn, statt ihm zu folgen . . . Es ist zu billig, sich von vorneherein demütig zu geben: „Ich weiß, all mein Tun ist gering" – denn so sollte nur sprechen, wer es ernsthaft versucht hat und im *Versuch* die Grenzen seiner Mühe erfuhr. Es ist zu billig, wenn uns billig ist, was Gott teuer war: Ihn hat es das Leben seines Sohnes gekostet. Er war Mensch unter uns und setzte sein Leben

ein. Dies konnte er, weil er auf seinen Vater vertraute, aber er *tat* es auch, bis in den Tod.
Doch denken Sie nicht, daß Sie jetzt bange gemacht werden sollen. Es liegt mir nichts daran, eine Moralpredigt zu halten. Drohungen mögen einschüchtern, Forderungen vielleicht das eine oder andere erreichen, aber das Ergebnis wäre doch immer Unfreiheit, Angst und Halbherzigkeit. Dem Evangelium aber geht es um mehr: Es will nicht dies oder jenes von uns, es will zuerst unseren wirklichen Glauben. Es will, daß wir in aller Freiheit und Entschiedenheit annehmen, was es uns bietet, dann aber auch im Ernst damit rechnen, daß Gott uns liebt und selbst für uns einstehen will. Täten wir dies, folgte alles andere von selbst. Denn wenn die Früchte unseres Glaubens so spärlich und kümmerlich sind, dann liegt dies doch vor allem daran, daß wir eben nicht *glauben*. Warum sonst können wir so schwer richtig lieben, obwohl wir wissen, daß wir und andere ohne Liebe verkümmern? Warum hört unsere Geduld beim ersten Ärger schon auf? Weshalb gelingt es uns nie oder doch nur ganz selten, voreinander wahrhaftig zu sein? Obwohl wir unter der Unehrlichkeit leiden und das Versteckspiel uns einsam und fremd macht. Und: wer von uns würde nicht gern einmal von Herzen großzügig sein. Aber sieht unser Geben nicht meistens so aus, als würde uns etwas genommen? Fragen wir nicht bei allem zuerst, ob das denn unbedingt sein muß? Und warum nur kündigen wir einem anderen so schnell unser Vertrauen? Beharren hartnäckig auf unseren Rechten? Woher kommt es, daß wir so häufig unsere Überzeugungen verraten, einem Schwächeren nicht beistehen, uns klammheimlich verdrücken? Unsere ganze christliche Tugend: ist sie denn *mehr* als ein Kompromiß mit der Selbstsucht? Wann denn war unsere Freundlichkeit einmal *ohne* jede Berechnung, unser Verzeihen *ohne* stille Bedingung, unser Einsatz *ohne* Hintergedanken? Wie oft tun wir etwas Gutes nur deshalb, um andere beschämen und erniedrigen zu können. Noch die edelsten Taten werden durch falsche Motive vergiftet. Dieser krankhafte Ehrgeiz: ich werde es ihnen schon zeigen! Dies dauernde Schielen nach Beifall: ob man mich auch gebührend bemerkt? So ist das doch mit uns. Immerfort kreisen wir um uns

selbst. Und *daß* es so mit uns ist, beweist vor allem anderen, wie wenig wir *glauben*.

Der Widerspruch liegt auf der Hand: Auf der einen Seite beteuern wir unseren Glauben an Gott, der uns die letzte Sorge um uns selber abnimmt und alle Freude umsonst gibt, auf der andern Seite beweisen wir sogleich durch unser Verhalten, daß wir uns doch nur auf uns selber verlassen und deshalb in allem nur uns selbst im Sinn haben. Nicht als ob wir die pure Bosheit wären und Gott ins Angesicht widerstünden. Die meisten Menschen sind gar nicht abgrundtief böse; sie sind nur halbherzig, kleinlich und träge und sehr oft nicht glücklich. Vor allem ist es die natürliche Angst, die uns festhält. Das Evangelium will uns befreien. Zu sagen, ich tue doch eine Menge, was will er denn noch? statt zunächst nur, aber ganz ernsthaft dem Evangelium zu glauben – dieser Unglaube ist unser Verhängnis. Die Christen *lieben* nicht, was sie glauben, hat ein Ungläubiger einmal gesagt, das ist alles.

Es bleibt also dabei: das erste, worauf es dem Evangelium ankommt, ist der Glaube an Gottes Güte für jeden von uns. Aber damit dieser Glaube nicht falsch wird, sagt es noch mehr. Es hält uns in Spannung, nie sagt es alles auf einmal. Es hat den großzügigsten Trost für jeden, der ihn nur will (Gibt es eine schönere Geschichte als die vom barmherzigen Vater und seinem heimkehrenden Sohn?). Aber es kann auch notwendig sein, denen zu drohen, die ihre Zeit der Gnade verpassen, weil sie sich in Sicherheit wiegen und den Glauben mit frommen Redensarten verwechseln. Das hörten wir heute. Es genügt eben nicht, daß einer bloß versichert, er glaube. Wenn ein Christ gut über seinen Glauben zu reden weiß, beweist das höchstens, daß er ein Dichter oder etwas ähnliches ist. Und wenn er dabei sogar Tränen vergösse – nun, im Altertum gab es einen Schauspieler, der noch weinte, wenn er vom Theater heimkam und noch viele Tage danach, aber das bewies nur, daß er ein guter Schauspieler war. Es gibt nur einen Beweis dafür, ob einer glaubt, was er glaubt, und das ist die Praxis. Als Kolumbus losfuhr, glaubte er, daß die Erde rund sei. Aber das war für ihn mehr als nur eine Theorie über die Erde. Er hing sein Leben dran, er fuhr los. So auch der Glaube: er bewegt und ändert das Leben. Als Herr Keuner gefragt wurde, so erzählt Bert Brecht, ob es einen Gott gebe, antwortete er: Ich rate Dir nachzudenken, ob Dein Verhalten je nach Antwort anders sein würde. Würde es sich nicht ändern, dann kann die Frage entfallen . . .

Das Evangelium ist uns zur Freude gegeben. Aber um uns zu heilen, richtet es auch. Es läßt uns nicht, wie wir sind, und diese Veränderung tut weh. So ist es einem Brunnen vergleichbar: wir können das Wasser nehmen und trinken und leben. Aber der Augenblick ist unausweichlich, wo wir das eigene Gesicht im Wasser erblicken. Daß es uns dann nicht geht wie den Wilden! Die hatten geschaufelt und gegraben und schließlich das Wasser erreicht. Nun schauten sie plötzlich im Spiegel ihr eigenes häßliches Gesicht. Da packte sie die Angst, anstatt zu trinken schütteten sie hastig das Loch wieder zu, umgaben den Platz mit einem Zaun und liefen eilig davon.

Dieser Schmerz über uns selbst gehört aber dazu, wenn wir das Evangelium hören. Wer nie mehr erschrickt, dem ist es vielleicht schon zur faulen Gewohnheit geworden. Vollkommene Liebe ist zwar ohne Furcht, doch hat es das Evangelium selbst für notwendig erachtet, uns auch seinen Ernst einzuschärfen. Noch läßt es uns Zeit, aber es möchte gehört sein. Denken wir daran, daß Jesus nicht verstanden und sogar ausgelacht wurde. Kierkegaard hat einmal beschrieben, wie es wohl wäre, wenn er heute auftreten würde. Wie beim Theater, meint er, als hinter den Kulissen Feuer ausbrach. Der Direktor trat heraus, um das Publikum zu unterrichten. Man dachte, das sei ein Witz, und applaudierte. Er wiederholte seine Mitteilung, man lachte noch mehr. So denke ich mir, daß die Welt ihrem Ende zugeht, unter der allgemeinen Munterkeit der vielen, die meinen, Gott meine das, was er gesagt und getan habe, alles gar nicht so ernst. Und auch dieses Gleichnis vom Feigenbaum, das Jesus erzählte, sei bloß – ein Witz.

12. Ohne Leiden leben?

Passionszeit; Mt 16,13–23

Der Abschnitt, den wir gerade aus dem Mattäusevangelium hörten, führt uns die Spannung vor Augen, die das *ganze* Evangelium durchzieht. Der erste Teil ist der Höhepunkt von allem, was *bisher* geschah: Jesu Verkündigung und sein Wirken hat die Leute zum Staunen und zum Nachdenken gebracht, und nun, im Kreise der Freunde, spricht Petrus es aus, hat er Klarheit gefunden: Du bist der Messias, Sohn des lebendigen Gottes. Der zweite Teil dann die düstere Ankündigung von dem, was noch *kommt:* Jesus ist der Mensch, in dem Gott uns begegnet, er *ist* der Messias, aber: der Messias muß *leiden.* Im ersten Teil der Petrus, der sein persönliches und geradezu feierliches Bekenntnis ablegt, der für diesen Glauben glücklich gepriesen und von Jesus *Fels* genannt wird. Und dann ein Petrus, der nicht wahrhaben und einfach nicht einsehen will, was dennoch kommen soll, der Jesus darüber Vorhaltungen macht und deshalb zurückgewiesen und mit aller Schroffheit *Satan,* Versucher genannt wird. Dieses Urteil ist hart, finde ich, denn Petrus denkt und sagt nur, was menschlich und sehr normal ist. Aber ein Fels ist er auch nicht, wenigstens vorläufig noch nicht. Nach seinem entschiedenen Bekenntnis hat er Jesus noch dreimal verleugnet, und unter dem Kreuz Jesu war er nicht mehr zu finden. Geflohen war er wie die meisten anderen auch. Ja, Petrus hat sich schwer getan zu verstehen, er hat sein Leben lang gebraucht, um seinen Freund und Herrn zu begreifen. Erst nach Jesu Tod fand er den Mut, ihm zu folgen, und erst im eigenen Tod war er ganz bei ihm – gekreuzigt wie Jesus, mit einem Unterschied nur: gekreuzigt nämlich mit dem Kopf nach unten, wie die Überlieferung berichtet.

Wir aber – wir haben 2000 Jahre Zeit gehabt, uns daran zu gewöhnen: der Messias muß leiden. Die Damen tragen ihr Kreuzchen am Hals, die Prälaten tragen es vor der Brust. Die Selbstverständlichkeit, mit der wir Jesu Leiden hinnehmen, dürfte weniger ein

Zeichen von Frömmigkeit als von Gedankenlosigkeit sein. Denn in Wahrheit ist es unendlich schwer, Jesu Weg zu verstehen, seinen *ganzen* Weg zu verstehen, seine *frohe* Botschaft *und* seinen Weg in das Leiden. Jedenfalls dann schwer zu verstehen, wenn wir noch ein Gespür dafür haben, daß es dabei nicht nur um Jesus, sondern auch um uns selbst geht. Und nur dies wäre ja Glaube: daß wir nach Jesus fragen, um uns selbst zu verstehen. So wie wir *ihn* kennen, werden wir auch über *Gott* denken, über seine Macht und seine Ohnmacht, seinen Schmerz und seine Liebe. Und mit ihm dann das *eigene* Leben betrachten: seine Helligkeit und sein Glück *und* seine Dunkelheit: das Leiden. Es gibt einen Punkt, an dem sich untrüglich und deutlicher als überall sonst zeigt, was wir glauben: daran nämlich, wie wir uns zum Leiden verhalten, zum eigenen und zum Leiden der andern. Deshalb möchte ich versuchen, dazu heute ein paar Gedanken zu sagen; es sind nur Bruchstücke, verbunden mit der Bitte an Sie, darüber weiterhin nachzudenken; mehr Fragen als Antworten, denn ich weiß auch, daß Leiden ein Thema ist, mit dem man wohl nie fertig wird, ein Thema vielleicht auch, über das man besser schweigen als Worte machen sollte. Ja, es gibt Situationen, in denen Schweigen die letzte Möglichkeit ist. Und doch darf dies Thema auch nicht einfach verstummen, jedenfalls so lange nicht verstummen, als es Leid gibt und Menschen leben, die leiden müssen. Denn wenn wir das wirkliche Leiden verschweigen und es keine Sprache mehr findet, dann und erst dann beginnt unsere Welt endgültig, unmenschlich zu werden.
Zunächst einmal, möchte ich sagen, finde ich den Petrus sehr menschlich und geradezu sympathisch. Denn was läge denn näher, als jemandem, den man achtet und gern hat, so wie Petrus Jesus gern hatte, das Leiden genauso wie sich selbst ersparen zu wollen. Es ist natürlich, sich gegen das Leiden zu wehren. Ich wills aber nicht leiden, sagt das Heideröschen bei Goethe, und es zeigt damit, wie lebendig es ist. Wer nicht erschrocken ist und keine Empörung mehr spürt, wenn er den vom Schmerz entstellten Menschengesichtern begegnet, der ist vielleicht schon selber gestorben. Wenn es nicht mehr erlaubt ist zu sagen, daß die Neutronenwaffe eine Perversion des menschlichen Denkens darstellt –

dann ist das ein Grund *mehr*, Angst zu bekommen. Denn es gibt vielleicht keine stärkere Macht für den Frieden und keine stärkere Macht gegen das Elend als dies ganz elementare und bis ins Körperliche reichende Gespür, daß Leiden nicht sein soll und es einfach nicht sein darf, daß Menschen einen langsamen Strahlentod sterben oder andere so tief in ihrem Elend versinken, daß sie nicht einmal mehr den Willen aufbringen, sich das Ungeziefer vom Leibe zu halten. Oft stellt der Protest gegen das Leiden die letzte Möglichkeit dar, wie Menschen ihre Menschenwürde behaupten und ihre Selbstachtung bewahren – und diese Möglichkeit darf man Menschen nicht nehmen. Wer sich mit allen Zuständen abfindet, denn ändern könne man es ja doch nicht, der ist vielleicht tapfer, vielleicht aber auch nur hart und vielleicht sogar feige. Und ebenso: Wer alles, was ihn an persönlichem Leid trifft, gleich gottergeben und willig hinnimmt, der ist vielleicht gar nicht fromm oder gläubig, sondern nur resigniert. Sogar das spontane Gefühl der Auflehnung gegen Gott selbst darf noch zum Menschen gehören, dann etwa, wenn Kinder ihren Vater frühzeitig verlieren oder ein Mann die Frau, die er liebt. Denn was denn sonst sollen wir von Gott erwarten, wofür denn sonst sollte er zuständig sein, wenn nicht für unser Glück und das *Heil* aller Menschen? Schon das Alte Testament nennt ihn ja „Liebhaber des Lebens" und hat sich keineswegs geniert, ihn um das Leben und seine Freuden zu bitten. Und so haben sie es alle getan: Juden, Christen und Heiden; um Hilfe haben sie ihren Gott angerufen, um Schutz in Gefahr, Glück in der Liebe, um Fruchtbarkeit der Äcker, um ein zufriedenes Alter. Es gibt keinen Grund, sich darüber erhaben zu fühlen. Denn wenn wir es verlernen, so zu beten, hören wir vielleicht auch schon bald auf zu wünschen, und das wäre dann ein Zeichen, daß wir nicht nur von Gott nichts mehr ernsthaft erwarten, sondern auch schon uns selbst nicht mehr achten und unserem Hunger nach Glück nicht mehr trauen. Wie menschlich dagegen haben die Juden ihren Gott angerufen, wie hoffnungsvoll ihren Messias erwartet: die verhaßten Unterdrücker wird er aus dem Land jagen und ein Reich der Gerechtigkeit und des Friedens aufrichten, in dem kein Mensch mehr von Nöten entstellt ist.

Warum aber weist Jesus den Petrus dann mit so harten Worten zurecht? *Sucht* Jesus etwa das Leiden, hat er sich den Tod gar gewünscht? Oder hat Gott, den er seinen Vater nannte, das Sterben seines Sohnes gefordert? Schon der Gedanke daran, der bloße Gedanke ist schrecklich. Denn was wäre das für ein Gott, der Genugtuung darin fände, daß ein Unschuldiger sein Leben verblutet? Selbst wenn es einen solchen Gott gäbe – verdiente er es, daß wir ihm vertrauten? Doch widerspräche ein solcher Gott auch ganz und gar der Verkündigung Jesu. Denn wenn irgend etwas klar ist an Jesu Reden und Handeln, dann doch dies, daß es ganz aus der *Freude* an Gott kam; gerade weil er seinen Gott der Liebe ernst nahm und sich auf ihn verließ, fing er schon jetzt, an Ort und Stelle, an mit der Freude: Deshalb hat er ja mit vielen Festmahl gehalten und sie alle geladen, gerade auch die, die sonst niemals eine Einladung erhielten. Und was Jesus selber angeht: Zu tief war er in unser Leben verwurzelt, um sich Leiden zu wünschen: er hat geweint und gezittert, als es näherkam und ihn traf, und er starb mit einem Schrei auf den Lippen. Zu dem leidenssehnsüchtigen Heiland ist er erst später geworden, erst spätere Zeiten haben versucht, sein Leiden und schließlich *alles* Leid zu verklären. Mag sein, daß es keinen anderen Weg gab, mit dem übermächtigen Leiden überhaupt fertig zu werden. Vielleicht aber spielte auch jener krankhafte Hang eine Rolle, der tief in jedem Menschen lauert und ihn treibt, sogar noch den Schmerz zu genießen und noch bei Qualen Lust zu empfinden. Jedenfalls hat wohl kaum etwas dem Christentum so sehr geschadet wie der Eindruck, daß es eine Vorliebe habe für das Dunkle, Häßliche und Kranke und daß seine Priester sich geradezu das Leid wünschten, um dem Glauben seine traurige Nahrung zu geben. Noch verhängnisvoller aber waren die Erklärungen, die sie gaben, wenn man nach dem *Sinn* des Leidens fragte: Jedes Geschick liege in Gottes Hand, hieß es da; daß die einen im Glück und die anderen im Elend geboren würden, sei Gottes unerforschlicher Wille; aber er sende uns das Leiden, damit unser Stolz gebrochen und unser Gehorsam geprüft werde. Statt Mut zur Veränderung zu machen, wurde Ergebung ins Leiden gepredigt, und den Herren, die auf Kosten der Elenden lebten, konnte das gerade so passen.

Ja, sogar als Strafe für unsere Sünden oder doch als Warnung vor ihnen erklärte man das Leiden, und so fügte man zur realen Not noch das zerknirschte Gewissen. Unzählige sind aufgewachsen, ohne etwas anderes als die Furcht des Glaubens zu kennen, bis sie schließlich, oft unter Schmerzen, von ihm sich freigemacht haben.

Ja, zu leichtfertig haben Christen vom Leiden geredet und sind damit schuldig geworden. Aber müssen wir deshalb vom Leiden nun überhaupt schweigen? Ich meine, wir dürfen es nicht einmal. Denn verhängnisvoller und unmenschlicher als alle Leidenssehnsucht früherer Zeiten dürfte heute das gerade Gegenteil sein. Ich meine den Zwang, unter allen Umständen glücklich sein zu müssen, ein Zwang, der uns selbst und unsere Gesellschaft beherrscht. Deshalb halbieren wir unser Leben, drängen das Dunkle, was unser Glück stört und unsere Sicherheit beunruhigt, ins Abseits und lassen die wirklich Leidenden allein: die vereinsamten Alten in den Heimen, die langsam Sterbenden in den Nebenzimmern der Klinik. Weil in einem Urlaubshotel sich auch Behinderte aufhielten, hat ein deutscher Gast Schadensersatz gefordert und auf dem Gerichtsweg sogar erhalten. Wie eine Bedrohung fürchten wir die Berührung mit dem Leiden, denn sie erinnert uns daran, was wir alle zwar wissen, aber dennoch nicht glauben: daß wir auch einmal dran sind. Ich weiß noch die geradezu physische Beklemmung, die ich als Krankenhausvikar spürte, wenn ich in die Zimmer der Schwerkranken ging, vor allem an eine Frau muß ich denken, die erst 38 war und unheilbar Krebs hatte ... Kaum jemand kennt die wirklichen Nöte des Nachbarn und vielleicht nicht einmal die seines Freundes, *will* sie auch im Grund gar nicht kennen, und das Leiden in der *Ferne* erleben wir – am Bildschirm. Bevölkerungsexplosion, Dürrejahr – sagen wir und machen es damit zu einer Sache. Wer aber spricht mit der Mutter, die am frühen Morgen auf den Markt geht und sich eine von den billigen Holzkisten holt, um ihr Einjähriges, das in der Nacht starb, zu begraben? Es ist wahr, was ich sage, ein Freund, der in Lateinamerika war, hat es mir erzählt ... Stellen Sie sich doch nur einmal vor, der Fernsehansager, der Tag für Tag in unser Wohnzimmer lächelt, würde bei der Nachricht von einem Erdbeben plötzlich in Tränen ausbrechen: mit Sicherheit würde er seine Stelle verlieren. Denn Gefühle der Trauer und des Schmerzes sind in der Öffentlichkeit untersagt, wer sie äußert, fällt die Treppe des Erfolgs und der Karriere herunter. Der dynamische Leistungstyp beherrscht die Szene, jugendliche Schönheit die Slogans der Werbung. Traurigkeit ist eine Sache von Trauer*fällen* geworden, sonst allenfalls noch im Intimbereich der Familie erlaubt und hier vorzüglich den Frauen und Kindern. Wir armen Männer weinen unsere Tränen nach innen, sofern wir überhaupt noch über Tränen verfügen. Denn vor allem zu uns selbst müssen wir ja hart sein. Für den Rest gibt es Schlaftabletten, Aufputschmittel, Antidepressiva ... Was aber wird aus denen, die sich keine Zeit zur Trauer mehr nehmen? Muß ihre Härte sie nicht stumpf machen und verbittern? Wird nicht, wer das Weinen verlernt hat, schließlich auch das Lachen und das Lächeln verlernen? Und was wird aus den Leid- und Grenzerfahrungen, die nicht mehr ausgestanden und mitgeteilt werden? Werden sie nicht das ganze Leben belasten? Was wird aus Menschen, die ihre Beziehungen, wenn sie schwierig werden, einfach abbrechen, statt sie durchzustehen und in ihnen zu wachsen? Was wird aus uns, wenn wir unser Leben halbieren: Muß nicht, wer um jeden Preis alles Leiden vermeidet, allmählich versteinern – resigniert und hoffnungslos im Innern, unberührbar für alles Menschliche draußen?

Das also wäre die Frage: Wie wir das Leiden, das es ja gibt und das wir sehen oder selber erfahren, *bestehen* können, und zwar ohne es zu verklären, aber auch ohne es zu verdrängen. Daß die Leidenden nicht weiterhin allein bleiben! Und ob es einen Weg gibt, im eigenen Leid menschlicher zu werden. Noch einmal muß ich unseren Blick hier auf Jesus hinlenken. Denn ist es nicht erstaunlich, daß derselbe Mensch, der das Leben und die Freude wie kaum ein anderer liebte, zugleich so fähig und aufmerksam war für das Leiden? Woher seine Bereitschaft, als es ihn selbst traf? Und woher diese Empfindlichkeit vor allem, wenn andere litten und er dann über sie weinte und bei ihnen blieb? Und wie er sie heilte und auch denjenigen half, deren Leid andere nicht einmal mehr bemerkten. Wie ist ein solcher Mensch möglich? Hat

es mit dem Gott der Liebe zu tun, von dem er ganz erfüllt war?
Um so schärfer aber stellt sich dann die Frage: Warum mußte gerade dieser Mensch leiden, und schließlich: warum müssen Menschen überhaupt leiden? Wenn Gott das Leiden schon nicht gewollt hat, konnte er es dann nicht auch verhindern? Unzählige haben im Leiden zu Gott gefunden, Unzählige aber auch ihren Glauben verloren. Die Erklärungen, die Christen mühsam versuchten, haben sie nicht überzeugt. Denn „unter den Kindern lag eines da, fast völlig zerrissen von zwei Riesensplittern, Hals, Schultern, alles. Die Mutter hielt immer noch den Kopf und sah wie verwundert in die karminrote Lache ... Der Pfarrer tröstete die weinende Frau: Der Herr hats gegeben, der Herr hats genommen – und, hols der Teufel, er fügte tatsächlich hinzu: der Name des Herrn sei gepriesen ... Haben diese Leute denn nie daran gedacht, daß Gott der Schuldige sein könnte?“ (Arno Schmidt)
Ist Gott mitschuldig am Leiden? Ist ihm die Geschichte nicht aus den Händen geglitten? Verdient die Freiheit, die er uns gab, ihren furchtbaren Preis? Ja, es ist sein Weg der Liebe gewesen, der Jesus ins Leiden geführt hat, und wenn es wahr ist, daß er eben darin zu Gott gehörte und Gott ihn nicht im Tod ließ, dann hat auch Gott selber gelitten, hat an uns Menschen und für uns gelitten und zugleich die Verheißung gegeben, daß er die Zerbrochenen retten und alle Tränen abwischen wird. Aber kann es denn eine Liebe geben, selbst wenn es die Liebe Gottes wäre, die alles Leid, alles tatsächlich Erlittene jemals aufzuwiegen vermöchte?
Ich kann auf diese schwerste aller Fragen Ihnen die Antwort nicht geben. Niemand kann sie für einen anderen geben. Nur die Gegenfrage möchte ich noch stellen: Würden wir *ohne* Glauben menschlicher sein, menschlich bleiben können im Leiden? Und an die Gläubigen möchte ich erinnern, die mit den Leidenden menschlicher wurden. An Edith Stein z.B., die sie ins Konzentrationslager brachten. In ihrer Not waren die Häftlinge häßlich geworden, wie Tiere, die sich um die Küchenabfälle stritten. Sie ging zu ihnen allen und hörte ihnen zu. Und dann kam sie zu den Kindern, die dort waren, wusch sie, so gut es ging, kämmte ihnen die Haare und spielte mit ihnen.

13. Wo der Tod seinen Schrecken verliert

Ostern

Daß alle Menschen sterblich sind – das ist so selbstverständlich, das weiß jedes Kind. Meist aber wird diese Wahrheit wie etwas rein Theoretisches betrachtet. So als sei sie gar nicht im Ernst für uns persönlich gemeint. Wir wissen es wohl, aber wir glauben es nicht. Und doch kann es zuweilen geschehen, daß der Gedanke an den eigenen Tod ganz plötzlich und mit Erschrecken über uns kommt. „Mit einem Schlag wurde mir an diesem Nachmittag klar, daß ich zum Tode bestimmt sei", so heißt es in einem zeitgenössischen Roman. „Niemand außer mir befand sich in meiner Wohnung. Ohne Hemmung gab ich mich meiner Verzweiflung hin. Ich schrie, krallte die Finger in die Wand, schlug mit den Händen. Wenn der Tag der Fälligkeit naht, sagte ich mir, und man ist vielleicht 30 oder 40 Jahre alt und denkt ‚einmal ist es so weit' – wie erträgt man das nur? Als ich verstört wieder aufstand, fragte ich mich: Wie machen es denn die andern? Und wie nur soll ich es machen?"

Was macht ein Mensch, wenn er mitten in seinem Leben den Tod plötzlich entdeckt? Vielleicht ist ein Unglück der Anlaß, der Tod eines Bekannten, die knappe Rettung aus einer Gefahr. Oder auch es fehlt jeder Anlaß und doch sind alle Kulissen des gewohnt dahinfließenden Alltags auf einmal zusammengestürzt. Aufstehen, Straßenbahn, 4 Stunden Büro oder Fabrik, Essen, 4 Stunden Arbeit, Essen, etwas Familie, etwas Vergnügen, das Bier, das Fernsehprogramm, Montag, Dienstag, Mittwoch, Donnerstag – plötzlich hält alles an, du überschaust mit einem Schlag und erstaunt die Bahn deines Lebens bis an ihr Ende – und alles steht auf einmal in Frage. Es ist nicht selbstverständlich zu leben, und es hört einmal auf. Schon der Jugendliche kann das erfahren, wenn ihm bewußt wird, daß er nun sein eignes Leben führen und verantworten muß. Der Erwachsene spürt es, wenn er in der Mitte des Lebens Erwartungen und Enttäuschungen abwägt und erste

Bilanz zieht. Es bedrängt die Alten, wenn ihnen die Macht über ihr Leben entgleitet und sie über den Wert des Gelebten nachsinnen. Der eigene Tod ist eben nicht etwas, was erst ganz am Ende akut wird, sondern eine Grundgewißheit, die uns ständig begleitet. Welche Einstellung wir zu ihm finden, wird sich deshalb bis in das alltägliche Leben auswirken. Der Blick auf das Ende verändert schon, was wir gegenwärtig erleben. Wer zur Nachdenklichkeit neigt, kann alles als nichtig erfahren. Manches unbefangene Glück zerbricht schon, bevor es beginnt:

> Leben dieser Welt vergeht
> wie ein Wind, der niemals steht,
> wie die Blume, so kaum blüht
> und auch schon zur Erde sieht.
> Wie die Welle, die erst kommt
> und den Weg bald weiter nimmt.
> Welches Urteil soll ich fällen?
> Welt ist Wind, ist Blum und Wellen. (Opitz)

Es gibt Menschen, die können solche Gedanken nie ganz vergessen, und Schwermut ist ihre dauernde Stimmung. Sogar im Alten Testament finden sich Schriften, die durchzogen sind von dieser müden Melancholie: „Vom Lachen mußte ich sagen: Unsinn, und von der Freude: was nützt sie? Ich besah mir alles, was unter der Sonne geschah, und sieh da: alles ist eitel und ein Jagen nach Wind."

Aber wer von uns ist schon Dichter! Die meisten werden schneller mit solchen Entdeckungen fertig. Wer robuster Natur ist, wird sich eher wohl an die muntere Parole der Sinnlosigkeit halten: Iß und trink und sei fröhlich, denn morgen bist du tot. Laut gesagt wird das zwar höchstens mal scherzhaft, doch wird es um so öfter geglaubt; d.h. eigentlich auch nicht mit Bewußtsein geglaubt, es bestimmt einfach nur unser praktisches Leben. Der Normalfall ist, jene trüben Gedanken, die sich in aller Klarheit nur schwer aushalten lassen, lieber gar nicht erst hochkommen zu lassen. Da die Menschen unfähig waren, Elend, Unwissenheit und den Tod zu überwinden, sind sie, um glücklich zu sein, übereingekommen, nicht dran zu denken, hat Pascal einmal geschrieben. Aber auch das, die Verdrängung, ist ja noch eine Antwort. Man gibt sich dann geschäftig und triebsam. Arbeiten und nicht verzweifeln, heißt die Devise, oder hausbackener und bieder: Jeder ist seines Glückes Schmied, und daß er sich selber der Nächste ist, folgt dann sozusagen von selber. Wenn das Ende im Ungewissen verschwindet, kann man dann in der Tat etwas Besseres tun, als auf Nummer sicher zu gehen und sich vom Leben zu nehmen, was es immerhin bietet? Und so erleben wir jedermann vollauf beschäftigt, sich seinen Lebenspodest zu zimmern, die Erfolgsstufenleiter höher zu kraxeln und im Gedränge um den Platz an der Sonne die Ellenbogen zu üben. Oft macht der Kampf ums Dasein schon den ganzen Daseinssinn aus. Weitergehende Fragen verbannt man in Stunden des Trübsinns, moralischer Kater – nennt man das wohl, oder man drängt sie ganz ins Unterbewußte. Auch gegen Depressionen gibt es ja Pillen.

In Wahrheit ist es die Angst vor dem Tod, die sich so alltäglich äußert: als Sorge um unser Leben. Wahrscheinlich hat sie größere Macht über uns, als uns bewußt ist. Es ist das Unglück des Menschen, um seine Lage zu wissen; zugleich aber auch seine Größe und Chance. Denn dieses Wissen fordert ihn heraus, zu seinem Leben in ein bewußtes Verhältnis zu treten. Ganz frei wird erst sein, wer auch zu seinem Tod eine persönliche Einstellung findet. Erlauben Sie mir deshalb, uns allen heute die Frage zu stellen, ob der Auferstehungsglaube die Antwort auf die Herausforderung des Todes sein kann. Oder besser und genauer gefragt, unter welchen Umständen er eine glaubwürdige Antwort sein könnte.

Es war bei einem Spaziergang am Strand von Algier, berichtet der französische Schriftsteller Albert Camus. 16 Jahre war ich alt. Da sah ich, wie ein kleiner Araberjunge von einem Autobus überfahren wurde. Eine kleine Ansammlung entstand: der stumme Vater, die schreiende Mutter, die Gaffer. Ich warf einen Blick auf die Gruppe, ging einige Schritte weiter, zeigte auf den strahlend blauen Himmel, dann auf die Menschen und sagte zu meinem Freund: Du siehst, der Himmel antwortet nicht. Verstehst du: ich mag nicht glauben, daß der Tod Beginn eines neuen Lebens ist.

Für mich ist er eine zugeschlagene Tür. *Ich* sage *nicht*, er ist eine Schwelle, die es zu überschreiten gilt... Denn alles, was man mir einreden will, läuft darauf hinaus, dem Menschen die Last seines Lebens abzunehmen.

Dies ist die Antwort des Nichtgläubigen, aber nicht einfach nur eine Absage an den christlichen Glauben, sondern eine Antwort, die auch ihren Grund nennt. Denn deutlich wird hier der nicht unberechtigte Verdacht ausgesprochen, daß die Auferstehungshoffnung vielen nur dazu dient, sich vor der Absurdität des Lebens davonzuschleichen und sich vor dem Ernst menschlicher Verantwortung zu drücken. Gegen diesen Verdacht können wir nun nicht einfach etwas lauter Alleluja anstimmen. Wenn die Hoffnung, die wir haben, uns von denen, die sie nicht teilen, nicht auch sonst unterscheidet, wenn der Auferstehungsglaube nicht mehr ist als eine Theorie über das Ende, die das gegenwärtige Leben jedoch unberührt läßt und uns selber nicht ändert, wenn auch wir nur verbissen um unsere Vorteile kämpfen, rücksichtslos Karriere machen und unser Vermögen verbessern, kleinlich um unser Recht und Ansehen fürchten und jedes Engagement scheuen, kurz: unser Leben zu sichern versuchen, nicht selten zu Lasten von andern – nur eben, daß wir darüber hinaus noch einen Gott in Reserve halten, der für unsere ewige Seligkeit zuständig ist, uns den status quo in alle Ewigkeit garantiert und womöglich noch ein bißchen verbessert, als Ausgleich sozusagen für alles, was uns hier unten noch fehlte oder schiefging: wenn es so mit uns steht, dann kann ein redlicher Mensch doch gar nicht anders, als dieses selbstsüchtige Wunschbild als zu billige Antwort auf das Todesproblem zu verachten. Er kann gar nicht anders, als den Auferstehungsglauben als Ideologie zu entlarven, die den schlimmen Zustand der Welt und die eigene Teilnahmslosigkeit nur rechtfertigen soll und andere, statt ihnen zu helfen, zynisch mit einem Gott vertröstet, der es am Ende schon richten und wieder gut machen wird.

Glaubten wir wirklich, was wir in der Osterzeit singen, dann wäre es wohl auch anders mit uns. Aber eben da steckt der Haken: so ganz sicher ist es uns mit dem Weiterleben nun auch wieder nicht. Und so haben wir das Kunststück fertiggebracht, zu glauben, ohne uns entscheiden zu müssen. Die himmlischen Hoffnungen offenzuhalten und gleichzeitig unser irdisches Schäfchen ins Trockene zu bringen. Bezeichnend dafür ist, wie wenig wir mit dem Gekreuzigten anzufangen wissen. Daß Gott durch ihn für unsere Erlösung gesorgt hat – nun gut. Die Auferstehung kann uns schon recht sein. Aber was das Kreuz dabei soll – das verstehe wer will. Ein Justizirrtum vielleicht, verschuldet von fanatischen Juden und einem feigen römischen Statthalter, eine Art Panne beim Kommen des Reiches Gottes, das aber gottseidank Ostern wieder auf rechten Kurs gebracht wurde, eine Angelegenheit der Vergangenheit jedenfalls – uns interessiert das Ergebnis.

Wohl jeder von uns spürt, daß diese Sicht falsch ist. Sie ist einfach zu billig. Man kann von Gott nicht die ewige Zukunft erwarten und sich dabei auf Jesus berufen, ohne eben an diesem Jesus zu lernen, daß Gott Herr schon unseres ganzen Lebens sein will. Daß der Messias leiden müsse, haben zwar schon die Jünger nicht wahrhaben wollen, doch braucht man nur etwas die Evangelien zu kennen, um zu verstehen, daß Jesu Tod alles andere war als ein blinder Zufall oder sinnloser Unfall: denn er war die innere Konsequenz seines Lebens. Nicht als ob er sein Sterben herbeigewünscht hätte. Ziel seines Lebens war allein das Reich Gottes und die Verkündigung seiner bedingungslosen Liebe zu jedem Menschen. Nur der Umstände wegen, weil die Herrschenden, Einflußreichen und Frommen anders und geringer von Gott dachten und dabei von Jesus nicht gestört werden wollten, haben sie diesen Menschen verurteilt – ihn ausgerechnet in Gottes Namen verurteilt. Doch war – recht besehen – schon sein ganzes Leben ein Sterben. Denn er hatte kein Haus, als er umherzog, er hat nicht nach seinem Einkommen gefragt, als er zu den Ausgestoßenen ging, er hat nicht Gesundheit und Nerven geschont, sondern seinerseits Hoffnungslose ermutigt und Kranke geheilt. Eins nach dem andern hat er verloren: sein öffentliches Ansehen durch seinen Umgang, seine persönliche Sicherheit in der Nacht des Verrats, seinen Rechtsanspruch vor Pilatus, seine Menschenwürde auf Golgotha: entblößt vor aller Augen, ja und am Kreuz: blieb wirklich nur noch das nackte Leben, um es zu geben. Nein, er hat den Tod nicht gesucht, aber er ist ihm auch nicht ausgewichen, sondern seinen Weg bis zu Ende gegangen, weil der Glaube an seinen Gott, der Wunsch nach seinem Reich und das Vertrauen in seine Liebe dann doch stärker waren als seine natürliche Angst um das Leben, das er für das Leben aller einsetzte.

Diesem Jesus nun hat Gott recht gegeben, als er ihn vom Tode erweckte. *Dieser* Mensch wurde der Erstgeborene der neuen Schöpfung. Und das heißt: Gott selber hat seinen Weg als den Weg in das Leben bestätigt. Für einen Gläubigen führt deshalb kein Weg mehr an diesem Jesus vorbei. Erlauben Sie mir, daraus noch drei Konsequenzen zu ziehen:

Christlicher Osterglaube hat, erstens, seinen Ursprung nicht in den Wünschen und Träumen der Menschen, die ihre Ohnmacht erfahren und ewig fortleben möchten, sondern in der Erscheinung und Verheißung des *neuen* Lebens im auferstandenen Jesus. Auferstehung heißt, daß Gott selber vollendet, was er im Menschen Jesus begann. Deshalb ist er kein billiger Trost für die Wehwehchen und Enttäuschungen des Lebens, sondern eine Hoffnung, die uns von Grund auf und zwar jetzt schon verändert. Nicht um die ewige Verlängerung des Zustands, so wie er ist, geht es, sondern um seine Erneuerung. Nicht bloß um eine Theorie über das Ende, sondern um eine Praxis, die an Jesus orientiert ist und auf den Gott Jesu vertraut.

Die Sache Jesu aber war das Reich Gottes. Gottes Liebe für alle Menschen. Deshalb bringt der Auferstehungsglaube zweitens, so wenig er selber aus dem Leiden entsteht, doch Leiden am gegenwärtigen Zustand hervor. Ein Leiden und eine Ungeduld nämlich mit allem, was das Reich Gottes noch hindert. Wo die Freiheit winkt, beginnen die Ketten zu schmerzen. Solange irgendwen Unrecht und Not drückt, können Christen nicht ruhig sein. Nie und nimmer sich abfinden, daß Menschen unschuldig sterben, unterdrückt, verdummt und ausgenutzt werden. Sich nicht zufrieden geben, solange leibliche oder seelische Not die Menschlichkeit auch nur eines Menschen verhindert. Nicht zulassen, daß Menschen ihre Hoffnungen begraben. Sie werden tun, was Menschen tun können, und dazu Mut finden in dem Vertrauen, daß Gott selber tun wird, was sie nicht tun können:

daß er alles Gute und Gelungene bewahrt und sogar das Verlorene und Vergessene rettet.
Dies alles – drittens – im Namen des auferstandenen Jesus, durch den der Tod seine Macht über unser Leben verlor. Nicht als ob die Sorge um das eigene Ich und die Furcht vor dem Tod nicht das Allernatürlichste wären – aber daß sie nicht mehr wie ein Zwang und Gesetz unser ganzes Dasein beherrschen, darin besteht nun allerdings der Beweis des Osterglaubens und seiner Kraft. Es kann ja z.B. sehr weh tun, wenn wir schweigen, obwohl wir uns wehren und durchsetzen möchten, wenn wir wahrhaftig sind, obwohl es uns schadet, wenn wir einen Dienst erfüllen, den niemand uns dankt, wenn wir gut bleiben zu einem Menschen, der selber launisch und verständnislos ist – so etwas tut weh, da stirbt etwas in uns, da sterben wir selber. Aber nur, wer in diesem Sinne zu sterben versteht, wird es lernen zu lieben. Und nur, wo der Tod seinen Schrecken verliert, entsteht diese Freiheit zu lieben. Denn dann *können* wir zuvorkommend, gütig und selbstloser werden, berührbar für das Unrecht und die Traurigkeit, die andere drückt, fähig zu verzeihen, zu teilen, für andere etwas zu tun und zu wagen. Wie jeder andere möchte ich ein langes Leben leben, hat Martin Luther King vor seinem Tode gesagt, aber ich *sorge* mich nicht mehr darüber. Seit ich die Ankunft des Herrn gesehen habe, fürchte ich nichts mehr.
Ob *wir* wohl jemals soviel Kraft aufbringen würden? Ich glaube, hat Dietrich Bonhoeffer vor seiner Hinrichtung durch die Nazis gesagt, daß Gott uns gerade immer soviel Kraft geben will, als wir brauchen, damit wir uns wirklich auf ihn verlassen. Nur wer es *versucht,* Schritt für Schritt versucht mit dem Glauben, kann seine Stärke erfahren. Und nur er wird glaub*würdig* glauben. Denn das andere alle: Furcht vor dem Tod spüren und weiterleben wollen, die Götter um Gunst, gutes Wetter, Wohlergehen und schließlich um einen günstigen Platz im Jenseits anflehen und ihnen als Gegenleistung ein paar Pflichtübungen anbieten und ein bißchen frommes Theater – das alles haben die Heiden auch schon gekonnt und das allein bringt unseren Zeitgenossen die Verheißung keinen Schritt näher, die Jesu Auferweckung für unser Sterben *und* unser Leben bedeutet.

14. Über die Schwäche Gottes

Christkönig; Joh 18,33–37

Am Christkönigstag gehen uns große Worte wie Herrlichkeit, Macht und Glanz leicht von den Lippen. Mit einer Leichtigkeit freilich, die vielleicht schon gedankenlos ist. Eine feierliche Stunde lang lassen uns die festlichen Lieder vergessen, daß es in unserer Welt mit der Herrschaft Christi durchaus nicht weit her ist. Dabei wäre schon das Tagesevangelium geeignet, uns stutzig zu machen. Es enthält die einzige Stelle, nach der Jesus sich selbst König genannt hat. Aber er tut es in einer Situation, die alles andere als königlich ist. Zwar spüren wir die verhaltene Hoheit, die von Jesus bei seiner Begegnung mit Pilatus ausgeht, doch ist seine äußere Lage schon so aussichtslos, daß sein Königsanspruch geradezu lächerlich wirkt. Und die Soldaten lachen ja auch, belustigen sich an dem Bild, daß einer, der sich ernsthaft König genannt hat, nicht mehr auf dem Haupt trägt als eine Krone aus Dornen. Und als er ein paar Stunden später am Kreuz hängt und endet wie ein Verbrecher: wie sollen da die Vorübergehenden nicht spotten, wenn sie die Überschrift lesen: König der Juden. Jesaja schon beschrieb diesen Menschen: Er zieht unsere Blicke nicht auf sich, ohne Ansehen ist er für uns.

Was ist das für ein König, der seine Herrschaft nicht erfolgreicher aufrichtet? Und wenn es stimmt, was er oft genug deutlich gemacht hat: daß er in der Vollmacht *Gottes* rede und handle – warum zeigt er dann nicht, über welche Macht er verfügt? Kann er es nicht oder will er es nicht? Warum läßt er sich nicht krönen, nachdem er die Massen gespeist hat? Warum wirkt er nie ein Wunder, wenn man nicht schon vorher an ihn glaubt? Warum verzichtet er auf Legionen von Engeln, darf Petrus nicht für ihn kämpfen? Warum schweigt er bei Anklagen und hält still bei Verspottung? Warum steigt er nicht vom Kreuz herab und richtet sein Reich einfach auf?

Er sagt, er müsse für die *Wahrheit* Zeugnis geben. Dafür sei er in

die Welt gekommen, erklärt er dem Pilatus. Was aber ist das für eine Wahrheit, die ein solches Zeugnis verlangt? Und vor allem: Was ist das für ein *Gott,* der in einem solchen Zeugen auftritt? Weshalb eigentlich fällt es Gott so schwer, sich zu erkennen zu geben? Die Antwort steht immer wieder bei Johannes und Paulus zu lesen, und unser ganzes Christentum besteht darin, daß wir uns üben, sie zu verstehen:
Gott ist schwach, weil er uns liebt. Wer liebt, kann nur durch Liebe für sich gewinnen. Deshalb fand Gott keinen anderen Weg, seine Größe zu offenbaren, als in der Schwäche. In der Schwäche eines Menschen, wie Jesus es war.
Wenn dieser Mann in Kraft und Herrlichkeit gekommen wäre wie ein Krieger hoch zu Roß (so wie damals viele Juden sich den Befreier erhofften), wenn er Steine in Brot verwandelt und für seine Wunder Reklame gemacht hätte, auf dem Tabor eine Schau abgezogen und beim Einzug in Jerusalem die Macht an sich gerissen hätte – ja, dann wären ihm die Massen wie einem Diktator in der Begeisterung des erregten Blutes und im Gleichschritt gefolgt. Aber was wäre erreicht? Sie wären erdrückt und überrumpelt gewesen, sie hätten gar nicht anders gekonnt als „Heil dir, unser König" zu schreien. Gott hätte die Liebe von Abhängigen und Schmeichlern gefunden. Was aber wäre eine solche Liebe noch wert? Verdiente sie überhaupt diesen Namen? Nein, wir mögen keine aufgezwungene Liebe, keine Geschenke, die uns fesseln, keine Aufdringlichkeit, die uns einengt und erniedrigt. Wir möchten von uns selbst aus großzügig sein können und sogar noch in unserer Dankbarkeit frei sein. Genauso hat *Gott* unsere Freiheit geachtet. Er wollte nicht irgendetwas von uns, Bewunderung bloß oder Gehorsam, sondern unsere Liebe und d.h.: uns selber, aber in unserer Freiheit. Deshalb verbarg er sich, hielt diskret seine Gottheit zurück, als er uns nahekam und zur Liebe einlud. *Seine* Hilflosigkeit gab *uns* die Möglichkeit, ihm, Gott selbst gegenüber *großzügig* zu sein. So ernst hat er uns genommen.
Aber hat er damit nicht *zu* groß von uns Menschen gedacht, uns zu viel angeboten? Schon eine große *menschliche* Liebe kann ja ein ganzes Leben verändern – wie erst bei Gott? Er sei verzehrendes Feuer, heißt es über ihn im Brief an die Hebräer. Der Mensch

ahnt das wohl und wünscht sich lieber ein Glück in alltäglichen Schranken: ein paar Jahre Gemeinschaft mit ein paar lieben Menschen, ein Gang durch die Felder, eine Schale mit Erdbeeren, ein Bier und wohliges Zuhause. Dazu hin und wieder die Aufregung eines Fußballspiels oder ein rauschendes Fest. Das ist das Richtige für ihn, da greift er zu. Für eine unbedingte Liebe jedoch kommen ihm Bedenken. Und ein Gott der Liebe gar – da scheint ihm Vorsicht geboten. Wer etwas mehr liebt als mich, ist meiner nicht wert – das klingt denn doch zu ausschließlich, das geht zu weit.

So war Gott als Mensch unter uns, aber er war wie ein Fremdling. Er war das Licht, doch alle waren blind. Er war die Liebe, aber kaum jemand ahnte, daß es sie gab. Seine Stimme ging unter in der Vielzahl der Stimmen wie im Gedröhn eines Wasserfalls. Die Welt lief ab wie ein Uhrwerk, dieser Alltag voller Menschen, die ihren Geschäften nachgehen: Schuster und Bäcker, einer besorgt die Milch oder die Briefe, an ihren Kleidern sind ihre Ämter zu erkennen, die sie untereinander verteilen. Eine Obrigkeit haben sie eingesetzt und eine Ordnungsbehörde, und einige regeln sogar den Verkehr mit dem höchsten Wesen. Eine geschlossene Gesellschaft, die alles zu Große und Neue von sich zurückstößt. Viele Geschichten hat Jesus erzählt, um menschlich mit ihnen zu reden: Es war einmal ein Bauer, der ging aufs Feld, um zu säen . . . oder: Ein Mann hatte zwei Söhne . . . Und wie die Kinder hatten sie Mund und Nase aufgesperrt, aber *verstanden* hatten sie's nicht. Alles ziehen sie auf ihren Boden herab, wenn sie es deuten. Wenn er ihnen Brot verteilt in der Wüste, ja, dann trotten sie hinter ihm her wie in den Bergen eine Herde von Ziegen. Aber wehe, er gibt etwas von seinem Innersten zu erkennen, seine Liebe drängt zur Entscheidung: dann machen sie Schluß oder heben gar Steine auf, um nach ihm zu werfen. Das Volk ist schwankend und stumpf, die Jünger streiten sich um die besseren Plätze, in seiner Heimatstadt findet er nur Mißtrauen und die Verwandten halten ihn für toll. Die Führer und Priester aber wittern den Feind und lauern, ihn zu verderben. Ein Gott bedingungsloser Liebe zu jedem Menschen, wie Jesus ihn nicht nur verkündet, sondern auch in seinem ganzen Verhalten gelebt hat, ein solcher Gott mußte –

das erkannten sie wohl – ihre Ordnungen stören, ihr Ansehen untergraben und ihre Interessen verletzen. Sie hatten ein Gesetz, sie konnten sich auf es berufen, und nach diesem Gesetz mußte er sterben. Weil Jesus menschlicher, größer von Gott dachte als sie alle, kam es zu diesem absurden und doch ganz konsequenten Prozeß: der Mensch Gottes wird in Gottes Namen verurteilt.

Haben die Christen ihren Gott besser verstanden? Es glaube nur keiner, unsere gewöhnliche christliche Ehrfurcht, uns von Kindsbeinen an in Fleisch und Blut übergegangen, sei auch nur einen Deut wert, wenn sie nicht mehr ist als die Gedankenlosigkeit, daß dieser Jesus doch so etwas Großes gewesen sein soll. Auch solche Gedankenlosigkeit könnte Zurückweisung sein. Die Juden haben sich wenigstens noch an diesem Jesus geärgert. Die Christen haben ihn zu ihrem König erklärt. Zugleich aber haben sie es auf raffinierte Weise verstanden, daraus Herrschaftsansprüche und Vorteile für sich selbst abzuleiten. Sie haben ihre Kirche zur Schau gestellt, nach Einfluß geschielt, sich mit der Reklame verbündet, zur Macht gegriffen, ja Gewalt angewendet und sich mit alledem der Welt *angeglichen* statt sie zu erneuern.
Wußte Gott, was er tat, als er seine Wahrheit dem Zeugnis *solcher* Gläubigen anvertraut hat? Ist sein Reich der Liebe nicht ein Geschenk, dessen Größe wir doch nicht begreifen? Ist seine Berufung nicht tatsächlich für uns ein paar Nummern zu groß? Konnte er denn im Ernst damit rechnen, daß Menschen das näherliegende Glück zurückstellen, auf ihre eigenen Pläne und Mittel verzichten und das Risiko des ganz großen Vertrauens eingehen würden? Und hat er schließlich nicht auch denen, *die* sich ernsthaft bemühen, das Glauben ungeheuer schwer gemacht? Denn auch noch diese letzte Frage muß ja gestellt sein: ob nämlich sein Reich den Preis überhaupt wert ist, der dauernd bezahlt wird. Ob es wirklich nicht anders ging, als den Menschen eine Freiheit zu lassen, die auch ohne, ja gegen ihn gebraucht werden konnte und eben nicht die Liebe, sondern die Sicherheit und den Weg der Macht wählte. Denn so kam es ja und blieb bis heute dabei, daß die Menschen in ihrem Drang nach Glück unendliches Unglück anrichten. Daß das Brot, das wir essen, irgendwo einem Hungri-

gen fehlt. Daß die Henker über Unschuldige triumphieren, von den Mördern des Herodes bis zu den SS-Schergen, die Judenkinder an Bäumen erschlugen. Warum fährt Gott nicht dazwischen und übernimmt endlich selbst das Regiment der Geschichte? Widerlegt sie nicht täglich seine menschenfreundliche Liebe?
Auch der Gläubige wird vor dieser Frage verstummen. Er steht betroffen wie alle vor der Tatsache, daß dies alles geschehen kann und geschieht. Aber sollen wir deshalb wünschen, daß Gott unsere Freiheit zurücknimmt? Wollen wir ihn selbst für schuldig erklären und von ihm lassen? Es gibt viele, die das für menschlicher halten, und ich mag kein Urteil über sie sprechen. Ich kann nur gestehen, daß ich über Gott nicht mehr zu reden vermag, ohne an Jesus zu denken. Wenn es wahr ist, daß dieser Mensch aus Gott war und ganz zu ihm gehörte, dann hat in ihm ja Gott selber gelitten. Und dies heißt doch, daß auch und zuerst Gott selber bereit war, den Preis für das Risiko seines Planes zu zahlen. Daß also der Satz „Gott ist die Liebe“ nicht so eine Art von wohlwollender Herablassung meint, wie sie gelegentlich weltlichen Hoheiten beliebt, sondern von einer Liebe spricht, die von Anfang an die Bereitschaft einschloß, sich allem, was aus ihr folgt, auszusetzen und noch die bittersten Konsequenzen auf sich selber zu nehmen. Wer in diesem schwachen und verlassenen Jesus den Ernst und die Stärke solcher Liebe wahrnimmt, wer nur einmal auf seinem geschundenen Gesicht die Frage gelesen hat, ob nicht auch er gehen möchte – der versteht vielleicht, daß hier nicht mehr weiter gefragt werden kann, sondern nun die Antwort an ihm ist.
Ja – Gott selber, der hilflos gewordene Gott, hat auf uns Menschen gehofft. Er wußte nichts Größeres für uns, als sich selber zu geben. Deshalb fand er nur diesen einen, einzigen Weg, ins Innere der Welt zu gelangen: die Gegenliebe des Menschen. Nur wo ein Mensch beschließt, seine Gewohnheit und Enge zu sprengen, das Kreisen um sich selbst und seinen Hang zur Macht aufzugeben und sein Zweifeln und Sträuben zu lassen – nur dort kann Gottes Reich kommen.
Man kann diesen Jesus vergessen oder sich an ihn gewöhnen. Aber erstaunlich ist doch: Selten hat ein Mensch solchen Haß ausgelöst, aber auch selten solche Faszination. Ein Ungläubiger

hat einmal erzählt, daß er zögere, die Worte Jesu im Evangelium zu lesen, weil er Angst habe, sie könnten ihn am Ende doch noch bekehren. Vielleicht ist es Ihnen schon einmal ähnlich ergangen: bei einem Wort aus der Bergpredigt etwa oder einem Gleichnis, bei einem Ereignis wie dem Gespräch mit der Sünderin oder der Fußwaschung in der Nacht des Verrats. Plötzlich fiel es Ihnen wie Schuppen von den Augen, daß in diesem menschlichsten aller Menschen wahrhaftig Gott selber am Werk sei. Daß es die Sprache der Liebe sei, die so rede und handle wie er. Daß vielleicht auch das eigene Leben mit seinen letzten Fragen und Tiefen, mit seinen Hoffnungen und Vergeblichkeiten erfüllter sein würde, wenn es sich an ihn hielte und mit ihm ginge. Einen Augenblick haben Sie schon Ernst machen wollen. Aber dann fällt Ihnen das Wort von der Nachfolge ein. Sie sehen diesen erbärmlichen Menschen, wissen wohin so etwas führt und – wenden sich ab. Ich habe meine eigenen Vorstellungen vom Leben. Mag ja sein, daß es noch etwas Größeres gibt, als ich kenne. Mag ja sein, daß wir anders anfangen müßten, damit es menschlicher unter uns würde. Aber wer kann das schon wissen, für mich jedenfalls ist es zu viel. Mein kleines, aber sicheres Glück ist mir lieber.
Im Tagebuch Dostojewskis findet sich die folgende Stelle: „Wenn jemand mir bewiesen hätte, daß Christus nicht in der Wahrheit ist, und wenn es mathematisch feststünde, daß die Wahrheit nicht in Christus ist, so würde ich trotzdem lieber mit Christus bleiben als mit der Wahrheit." Das ist überspitzt ausgedrückt, ohne Zweifel. Aber was er sagen wollte, war dies: Was wäre denn Größeres überhaupt denkbar, welche Wahrheit könnte wohl ein Leben mehr rechtfertigen und lohnen als die: daß ein Gott ist, ein Gott, der uns liebt.

15. Liebhaber des Lebens

Weish 1,13f; 11,21–26

Schöne Sätze stehen in dieser Lesung. Schöne Sätze voll hymnischer Kraft. Da spricht einer rühmend von Gott und zu ihm. Einer, der die Verhältnisse im Licht göttlicher Güte zu sehen vermag und sie feiert. Alles, so lautet der Tenor, alles, was geschieht, ist gut und bejaht. Schlechterdings nichts verdammenswert oder verurteilt. Zwar gibt es die Sünden der Menschen, aber zum Haß auf das Bestehende ist dennoch kein Anlaß. Denn was immer geschieht – es ist von göttlicher Geduld und Liebe umfaßt. Und der Grund solcher Zuversicht: allein Er, der angesprochen wird als Liebhaber des Lebens. Er findet keine Freude am Untergang des Lebens. Hat er doch zum Sein alles geschaffen. Deshalb ist heilbringend alles, was ist.

Schöne Sätze voll hymnischer Kraft, ohne Zweifel. Aber vielleicht *zu* schön, wer mag ihnen trauen? Unwillkürlich habe ich mich an eine Szene in einem Stück von Sartre erinnert. Dort wird eine Frau angeredet, die sich ein Kind wünscht. „Dieses Kind, das du gebären willst", heißt es dann, „ist gleichsam eine Neuauflage der Welt. Seinetwegen werden die Wolken und das Wasser und die Sonne und die Häuser und die Qual der Menschen einmal mehr existieren. Du wirst die Welt neu erschaffen, die sich wie eine dicke, schwarze Kruste schließen wird, um ein kleines, empörtes Gewissen, das hier bleiben wird, als Gefangener mitten in dieser Kruste, wie eine Träne. Begreifst du . . . ein Kind erschaffen heißt, die Schöpfung aus tiefstem Herzen bejahen, heißt dem Gott, der uns quält, sagen: Herr, alles ist gut, und ich sage dir Dank, daß du das Weltall gemacht hast. Willst du wirklich ein solches Lied singen? . . . Bewahre deine Hände rein, damit du auf deinem Sterbelager sagen kannst: keinen lasse ich nach mir zurück, um das menschliche Leid fortzusetzen."

Solche Sätze mögen uns übertrieben erscheinen, Gedanken eben von Philosophen und Dichtern. *Uns* trägt gewöhnlich das dumpfe Empfinden: Es wird schon irgendwie werden. Oder wir halten eine gelernte Glaubensantwort parat, ohne weiter zu überlegen, was wir da eigentlich sagen. Und doch kann es auch uns normalen Menschen passieren, daß solche Gedanken hochkommen, daß wir Erfahrungen machen, die uns unsicher werden lassen, ob das Leben eigentlich so liebenswert sei. Daß wir im Ernst nicht mehr wissen, ob wir es wünschen sollen und tatsächlich noch wünschen. Was trägt uns dann? Was trägt überhaupt? Kann man das Leben bejahen? Kann man es anderen wünschen?

Als ob es nicht Leid genug gäbe und Angst, ja Verzweiflung am Leben. Da quälen sich Menschen mit ihrer Lebensgeschichte. Sie können sich mit ihrem Schicksal nicht einverstanden erklären, reiben sich an den Verhältnissen wund. Kinder werden geboren, um nach kurzem Elend zu sterben, Kinder auch, die noch als Erwachsene ihre Eltern verwünschen ... Da gehen Beziehungen in die Brüche, kaum daß sie glücklich begannen. Und darauf die Einsamkeit, die Schuldgefühle, das Hin und Her von Selbstrechtfertigung und Selbstquälerei ... Da machen sich Menschen kaputt: das heimliche Sichbeobachten, das Rechnen und Mißtrauen, das alles Glücken verhindert ... Da werden Interessen rücksichtslos durchgesetzt. Kampf aller gegen alle, denn jeder will befördert und anerkannt sein. Der fürchterliche Konkurrenzdruck: wenn ich versage, bin ich erledigt ... Die vielen Zwänge, unter denen wir stöhnen, die von außen, aber auch die von innen. Und wie viele begrabene Hoffnungen, enttäuschte Sehnsucht, unerfüllte Liebe ... Da hat mancher mit viel gutem Willen begonnen, bis ihn die harte Wirklichkeit einholte. Und dann bricht aller Optimismus zusammen, es kommt das müde Sichbescheiden, die ohnmächtige Anpassung, die Unfähigkeit schließlich, überhaupt noch Erwartungen zu haben ... Ganz zu schweigen von den Problemen im Großen: der Angst vor der Zukunft, der langsamen Zerstörung der Erde, dem Elend der Unterernährten, der Brutalisierung des Lebens ... „Du liebst alles, was ist, und verabscheust nichts von dem, was du gemacht hast. Hättest du etwas gehaßt, du hättest es nicht erschaffen.“ Klingt das nicht wie der blanke Hohn angesichts der Wirklichkeit, wie sie ist?

Ach ja, es gibt auch das andere, man darf nicht ungerecht sein. Gründe, der Erde treu zu bleiben und Mut zum Dasein zu schöpfen: die geglückte Anstrengung der Arbeit und das verdiente Erfolgserlebnis, die Zärtlichkeit der Liebenden und das Lächeln auf ihrem Gesicht, der Einsatz der Menschenrechtsgruppen in aller Welt und die Tapferkeit der Schwerkranken, die Treue zum alltäglichen Kleinkram, die wir füreinander aufbringen. Und auch dies gibt es ja immer noch und trotz allem: der fröhliche Plausch miteinander und das helfende Gespräch, das Schwimmen in Seen und Flüssen, die Symphonien von Mozart, das kühle Bier, das gelungene Fest und die sternklaren Nächte im Winter. *Gute* Gründe, unser Leben zu lieben, aber reichen sie aus, *das* Leben zu lieben?
Und wer von uns möchte das nicht: von Herzen einmal ja sagen können. Sich endlich zuhause fühlen in unserer Welt. Ganz ungeteilt erleben und dankbar sein können. Und vielleicht sind uns solche Augenblicke der Zustimmung auch schon gelungen, sogar später noch, als wir keine Kinder mehr waren. Manche versuchen diese Zeit zu retten, spielen heile Welt, trautes Heim, private Idylle. Aber sie halbieren das Leben, und vielleicht geht es nicht anders. Denn im Ernst: kann man *alles* bejahen? Da stellt sich doch sofort der Verdacht ein, daß derjenige, der das tut, entweder schrecklich naiv ist oder bewußt zynisch. Muß er nicht die Augen schließen vor dem, was nicht stimmt? Kann er nicht nur deshalb zustimmen, weil er sich aus allem heraushält und nirgends mitanfaßt? Und sollte dies gar der Glaube sein, den das Buch der Weisheit empfiehlt? Glaube als Schweben über den Wolken, als Heiligsprechung des status quo? Und Gott selber ein lieber Jasager zu allem?
Das Weisheitsbuch, aus dem unsere Lesung genommen ist, scheint von solchen Einwänden nichts zu wissen. Abgeklärt und fast unbekümmert läßt es alles umgriffen sein von Gottes Güte. Es spricht wie aus einer anderen Welt. Und doch: dieser Text entstand in einer schwierigen Zeit und einer zerrissenen Welt. 50 Jahre vor Christus – eine typische Spätzeit voller Gärung und Umbruch, politisch, gesellschaftlich und geistig, unserer Zeit durchaus zu vergleichen. Das Alte ist nicht mehr gültig, das Neue

noch nicht gewiß. Besonders in Alexandrien, der Weltstadt im Schnittpunkt von drei Kontinenten. Hier traf alles zusammen und vermischte sich miteinander. Es gab griechische Weisheit und orientalische Kulte, Schicksalsglauben und abergläubische Sekten, aufgeklärte Skeptiker und Atheisten. Hier erlebte man die Verfeinerung und die Verwilderung der Sitten, das Ränkespiel der Macht, den brutalen Kampf der Interessen und den Verlust an verbindlicher Orientierung. Es gab glänzenden Luxus neben dreckiger Armut, Lebensgier und Lebensüberdruß, Lebensangst und nackte Daseinsnot. Und mittendrin die Juden der Diaspora, die sich an den Glauben der Väter erinnern.
Was ist unsere Überlieferung noch wert, fragen sie sich. Kann sie uns auch heute noch tragen? Ist es denn wahr, was über Gott gesagt wurde und er selber gesagt haben soll: daß er derjenige sei, der *da ist* und da sein werde? Allerdings hatten sie ihn so in ihrer Geschichte erfahren. Immer wollte er das Leben, nie den Tod. Denn er hatte Partei ergriffen für sein geschundenes Volk, hatte es aus Ägypten gerettet, durch die Wüste geführt und ihm Kanaan geschenkt. Zwar hatten sie ihn häufig, wenn sie glücklich waren, vergessen, doch in den Zeiten der Not wieder zu ihm gefunden. Und gerade in solchen Zeiten sind die höchsten Bekenntnisse entstanden. Der große Schlußsatz der Schöpfungsgeschichte: „Und Gott sah alles, was er gemacht hatte, und siehe, es war sehr gut" – dieser Satz wurde nicht im Land von Milch und Honig geschrieben, inmitten von Feigenbäumen, Weinbergen und saftigen Weiden, sondern in der Bitterkeit des Exils, als sie an den Flüssen von Babylon wohnten und in den Nächten weinten vor Heimweh. Und auch damals hatte ihr Gott ihnen seine Treue bewiesen und eine bessere Zukunft geschaffen. Warum also nicht auch jetzt damit rechnen, daß auf ihn Verlaß ist? Kein Grund also, die Gegenwart zu verachten und die Vergangenheit zu verklären. Kein Grund, auf die „heutige Zeit" und ihre Verhältnisse zu schimpfen. Gläubiger wäre es, für diesen Gott auch jetzt aufmerksam zu bleiben und die Zeichen seiner Güte zu suchen. Ist es nicht schon ein Wunder, daß wir überhaupt leben? Daß er uns und allen noch Zeit läßt, nicht ein Zeichen seiner Toleranz und Geduld? Nein, es ist keine heile Welt, in der sie diesen Glauben

versuchen. Es gibt die „Sünden der Menschen“, Unheil und Selbstherrlichkeit, es gibt die Vergötzung der Mächtigen und Erfolgreichen, die Verführung und Versklavung unzähliger Menschen, es gibt die vielen, die andere töten und selbst innerlich tot sind. An den „Liebhaber des Lebens“ glauben konnte deshalb nur heißen, zugleich die Mächte des Todes erkennen und ihnen Widerstand leisten. Aber gerade das setzte voraus, die Gegenwart zuerst einmal anzunehmen und fest zu glauben, daß ihre guten Möglichkeiten noch nicht verspielt sind. Und eben dies meinen sie, wenn sie sagen, daß alles sehr gut sei, trotz allem.

Wenn *wir* unseren Glauben bekennen, dann reihen wir uns ein in diese Geschichte. In die Geschichte dieser versprengten und geängstigten Juden, die unsere Welt bejaht glaubten und Grund zum Dank sahen trotz allem. Die sich durch nichts von der Hoffnung abbringen ließen, daß der Glaube an den mächtig und geduldig liebenden Gott tragfähig sei. Daß man mit ihm leben könne, menschlicher leben. Und – wir haben *Grund*, zuzustimmen. Denn wir kennen *ihn* ja, der „für uns und um unseres Lebens willen“ unter uns war und zum Vorschein gebracht hat, wer das ist und was es bedeutet: Gott – Liebhaber des Lebens. Er hat die Freuden der Menschen geteilt und mit ihnen geweint. Er hat ihren Wein getrunken und ihre Feste besucht. Kein einziger sollte fehlen dabei. Gerade zu denen, deren Leben bedrückt war, ist er deshalb gegangen. Denen, die nichts galten, hörte er zu. War bei ihnen allen: behutsam und aufmerksam, ermutigend und heilend, bei den Deklassierten und Schuldigen, den Kranken und den Kleinen, sogar die Feinde sucht er für Gottes Güte noch zu gewinnen. Wir wissen, daß gerade diese Parteinahme für den Liebhaber des Lebens es war, die ihn um sein Leben gebracht hat, daß aber der Schöpfer des Lebens ihn nicht im Tod ließ. Deshalb *gilt* Gottes Ja zu allem Leben. Und es läßt sich probieren. Denn dieses Ja gilt es nun zur Geltung zu bringen gegen jede Lebensfeindlichkeit und Menschenverachtung. Gegen die Mächtigen, die sich an Todeswaffen gewöhnen. Gegen die Zyniker, die Menschen wie Waren behandeln. Gegen die Härte unserer Gesellschaft, in der man Behinderte versteckt, Alte allein läßt und Kinder als störend empfindet. Gegen die sogenannten Realisten, die allen guten Willen verspotten und sich selber nicht rühren. Gegen die Versteinerten, die nicht mehr spielen können, nicht mehr singen, küssen und lachen. Doch nicht zuerst gegen die Menschen, sondern *für* sie ist dieses Ja zur Geltung zu bringen, indem wir zu ihnen gehen und gerade dann auch bei ihnen bleiben, wenn sie niedergeschlagen sind, lebensmüde, todtraurig. Und bei alledem für uns selbst, so oft wir dieses Ja brauchen und weil wir es brauchen.

In einer ihrer letzten Geschichten hat Ingeborg Bachmann von einer Frau erzählt, die auf der Suche nach sich selbst ist, in einer Stunde der Krise:

„Sie ging noch einmal zu den Felsen und kletterte nicht mehr vorsichtig, sondern sprang, wo sie konnte, von einem zum andern, sie war wieder nahe am Weinen, das nie kommen würde, und sie wurde immer waghalsiger, kühner . . . sie riskierte es eben, abzustürzen, sie fing sich benommen, sie sagte sich, es ist eine Pflicht, ich muß, ich muß leben, und nach einem zwanghaften Blick auf die Uhr kehrte sie um, um sich nicht zu verspäten, und sie verbesserte sich, aber was sage ich mir da, was heißt das denn, es ist keine Pflicht, ich muß nicht, muß überhaupt nicht, ich darf. Ich darf ja und ich muß es endlich begreifen, in jedem Augenblick und eben hier, und sie sprang . . . rannte weiter mit dem, was sie wußte . . . hatte fast kein Gewicht . . . und mit einem heißen Gesicht sah sie wieder hinaus, es ist das Meer, es ist wunderbar, und jetzt trau ich mich auch, hinter mich und hinaufzusehen . . .“

Es ist keine Pflicht, ich muß nicht . . . ich darf . . . Das ist es, ich darf ja leben! Deshalb der beschwingte Schritt, das große Entzükken und – endlich – die lösenden Tränen. Eine Wende hat stattgefunden, ein Perspektivenwechsel, eine Bekehrung. Das eigene Leben als Geschenk. Es ist wirklich alles gegeben. Ich darf sein und dableiben. Ja noch mehr: ich bin akzeptiert, es ist gut, daß ich da bin. Was immer sonst noch gefordert sein mag und zu sagen sein wird – zunächst einmal und vor allem gilt dieses eine: Es ist unbedingt gut, daß ich da bin. Und was immer einem anderen gesagt werden muß – zunächst gilt dieses eine und dies muß er spüren: Es ist gut, daß du da bist. Nur so beginnt sich Leben zu regen:

Ich bin gutgeheißen, also kann ich andere gutheißen; ich habe Zeit, Lebenszeit, also kann ich Zeit schenken und Zeit lassen. Wir beginnen uns neu zu entdecken. Was zuvor häßlich schien, zeigt auf einmal liebenswürdige Züge. Liebenswert sogar noch in dem, was falsch ist und nicht stimmt. Zum Beispiel unsere Angst: wir können sie nun zulassen und über sie reden. Oder unsere Schuld: wir werden traurig sein über sie, aber nicht verzweifelt, denn wir sind nicht verurteilt. Wir werden verwundbar durch jede Gemeinheit, werden Nein sagen zu den Liebhabern des Todes und trotzdem – bei allem Widerstand – nicht verbissen sein müssen, so als hätten wir nur den Mut der Verzweiflung. Wir müssen (Gott sei Dank) nicht selber Gott sein. Ich muß überhaupt nicht, ich darf – gerade so werden unsere Möglichkeiten frei, kann Veränderung zum Guten geschehen.
Es ist doch einfach zu billig, sich auf die Seite derer zu schlagen, die es immer schon gewußt haben, daß die Welt schlecht ist, und so dem Schlimmen nur seinen Lauf lassen. Es ist ziemlich einfach, einen anderen auf seine Schwächen hin zu durchschauen und dann zu sagen: er ist auch nicht besser als alle. Ja, es ist sogar leicht, viel leichter als man glaubt, sich selber zu hassen, statt daß ich mich annehme und dann bin, was ich sein kann. Wer glaubt, geht einen anderen Weg. *Er* wird damit beginnen, einen jeden und alles so anzuschauen, wie er selbst angeschaut werden möchte und von Gott angeschaut *wird*, und deshalb unbeirrbar versuchen, selbst im Allerletzten, selbst im scheinbar ganz Verkommenen und Verkehrten noch einen Rest von unzerstörbar Gutem und Richtigem und Wertvollem aufzuspüren, es freizulegen und zu hoffen und zu helfen, daß es hervortritt und sich entfaltet. Es gibt niemals etwas nur Reines, aber auch niemals etwas nur Schlechtes. Gott geht nicht nach Utopia, hat Stefan Andres einmal gesagt. Aber auf diese tränenfeuchte Erde kommt er. Er liebt die Welt, die ohne ihn arm ist und weil sie ihn braucht. Was aber Gott bejaht hat und leben läßt, ist gut. Zunächst, ja zuerst einmal ist alles gut. Nur wenn wir so zu glauben anfangen, kann alles gut *werden*.

16. Bewunderer und Nachfolger oder: Wer ist ein Christ?

Gal 5,5f; 6,14–18

Wer eigentlich, erlauben Sie die Frage, wer ist ein Christ? Eine dumme Frage, werden Sie sagen, denn uns scheint doch, als wüßten wir das. Und trotzdem schaut man uns an, mit Mißtrauen manchmal. Diese Menschen, die da Christen sind: worauf gründet sich ihr Anspruch? Was berechtigt sie zu diesem Namen? Genügt schon der Taufschein, das christliche Begräbnis? Erstkommunion der Kinder, Osterbeichte, Sonntagsmesse? Katholisches Sonntagsblatt, Kirchensteuer, Papsttreue? Machen es die Gebote, das sechste weit vorn, dann das dritte und endlich die andern? Sind es die Berufschristen, die Frommen in der Gemeinde und schließlich – an ihrer Spitze – die geistlichen Fachleute?
Ein einziges Merkmal nur soll die Lesung heute uns sagen: daß zum Christsein *Christus* gehört. In nichts anderem will Paulus sich rühmen als: in Jesus Christus. Allein darauf komme es an, im Glauben an ihn ein neuer Mensch, eine „neue Schöpfung" zu werden. Ein Mensch nach dem Bild Jesu Christi. Wie das aussieht, hat Paulus immer wieder beschrieben: Gesinnt sein, wie Jesus gesonnen war . . . Tun, was er getan hat . . . Vergeben, wie er vergeben hat . . . Lieben, wie er geliebt hat . . . In allem Handeln auf seinen Weg sehen und sich an den Gott halten, für den er einstand. Und Paulus behauptet, behauptet aus eigener Erfahrung, daß nur ein solches Leben frei sei und den Namen Leben verdiene. Mit allem Ernst spricht er von der Hoffnung und Zuversicht dieses Weges, obwohl er ganz genau weiß, daß man das lächerlich finden, ihm Einwände und Schwierigkeiten machen oder doch den Kopf schütteln wird.
Daß zum Christsein Christus gehört – das klingt so selbstverständlich, wer sollte darüber nicht lachen? Und wer sollte das besser wissen als wir, die wir uns nach seinem Namen benennen, uns auf ihn berufen und von ihm reden? Und doch: andere sehen oft

schärfer als wir. *Sie* stellen fest, daß die meisten Christen sich für ihr Christentum nie ernsthaft entscheiden. Natürlich bekennen wir: Jesus Christus ist Gottes Sohn, wir sagen es wie Millionen andere auch. Aber sehen Sie, gerade darin liegt die Gefahr: wie Millionen andere auch. Denn wenn wir wirklich glaubten, was wir da reden, daß nämlich in Jesus Gott selber begegnet und neues Leben geschenkt wird, und wenn wir eine Ahnung von dem hätten, was diese Wahrheit bedeutet, dann würde uns klar, daß man sie nicht einfach so wissen und dahersagen kann wie die Millionen andere auch. Dann würden wir schon spüren, daß man sie nur persönlich erkennen kann und dies nicht ohne Folgen sein würde.

Wir aber, wir haben uns an diese Wahrheit gewöhnt. 1900 Jahre haben uns dabei geholfen. Zeit genug, sich in dem Gefühl zu bestärken, das Ergebnis von Christi Lehre und Leben sei inzwischen sichergestellt und uns zu wissen gekommen. Wir wurden Christ, als man schon Christ *war*. Wir wurden es, ohne es besonders zu merken. Wir wuchsen in Lehren und Vorstellungen auf, die man nachplappern konnte, ohne weiter über ihren Sinn nachdenken zu müssen. Wenn wir nur die konventionellen Pflichtübungen absolvierten, konnte das übrige dahingestellt bleiben. Und was die Lehre anging: Bürgte nicht Jesus selbst und seine Nachwirkung für ihre Wahrheit? Vor allem wohl die Nachwirkung! Hat nicht das Christentum immer mehr die Welt durchdrungen? Einige stellen das mit Befriedigung fest. Aber – vielleicht verhält es sich genau andersherum: daß nämlich die Welt immer mehr das Christentum durchdrungen und das Christliche an ihm allmählich abgeschliffen und abgenagt hat. Daß der ganze christliche Glaube nicht mehr ist als ein bißchen Zuckerguß über einem Leben, das wie jedes andere auch mehr dem gesunden Menschenverstand als der Bergpredigt folgt – bis auf die paar Glaubenssätze, die man eben noch außerdem glaubt, ohne deshalb nachts unruhig zu schlafen. Vielleicht ist dies die größte Sünde der Christen: wenn sie anfangen, Christentum zu *spielen*. Genau in demselben Sinn, wie ein Kind Soldat spielt: die Gefahren und Anstrengungen wegnehmen, Güter, Vorteile, Ansehen behalten. Die Malzeichen Jesu am eigenen Leib tragen – das mag für *andere*

gelten: für Paulus etwa, der in der Lesung davon erzählt; oder für Franziskus, den christlichen Außenseiter mit dem unschuldigen Gemüt; für Pater Kolbe, der im KZ an die Stelle eines Verurteilten trat, oder für jenen unbekannten Pfarrer, den sie vor einigen Wochen in San Salvador auf offener Straße erschossen haben, weil er es gewagt hatte, im Namen des Evangeliums und der Unterdrückten das herrschende Unrecht beim Namen zu nennen. Aber das ist lange her oder zumindest weit weg – *uns* kommt es nicht in den Sinn, daß wir etwas damit zu tun haben könnten. Wir machen weiter mit dem: Christentum-Spielen. Und so sehr kann man sich an dieses Theater gewöhnen, daß wir es selber schon gar nicht mehr merken, auch dann nicht mehr merken, wenn wir in uns gehen und uns besinnen. Von einem schwedischen Pfarrer wird erzählt, daß er – erschüttert über die Wirkung, die seine Rede auf die Zuhörer hatte, die in Tränen hinschwammen – es wird erzählt, daß er beruhigend sagte: weinet nicht, Kinder, das könnten alles miteinander Lügen sein.
Lassen Sie uns doch einmal ganz ungeniert von ihm reden, von dem Mann, der vor 2000 Jahren in Palästina umherzog, vom Reich Gottes predigte, ans Kreuz geschlagen wurde und einige Zeit später seinen Jüngern erschienen sein soll. Lassen Sie uns einmal von ihm sprechen *ohne* jene übliche Ehrerbietung, die in vielen Fällen kaum etwas wert ist, weil sie oft nicht mehr als die gedankenlos-angelernte Ehrerbietung darstellt, daß dieser Jesus doch so etwas Großes gewesen sein soll. Denn wenn es wahr ist, daß in ihm Gott selber begegnet, dann kann gedankenlose Ehrerbietung Gotteslästerung sein: weil man sich auf Gott nämlich entweder mit ganzer Entschiedenheit einlassen oder aber sich ärgern und abwenden muß.
Tatsache ist, daß sich vor 1900 Jahren fast alle an ihm geärgert haben, ja schließlich sogar seine Freunde wegliefen, die bei ihm gewesen und ihm gefolgt waren. Und ehe wir darüber urteilen, sollten wir uns eingestehen, daß sie ganz natürlich gehandelt haben. Sie hatten keine 1900 Jahre Zeit, sein Bild mit Gold zu überpinseln, sie standen ihm ja direkt gegenüber. Sie hörten seinen Anspruch, das Reich Gottes sei da, und sahen zugleich, wie ärmlich er lebte. Sie sahen auch die gerade nicht rühmliche Ge-

sellschaft, in der er sich aufhielt. Gewiß tat er auffallende Dinge, aber das taten andere auch, und dem, der nicht wollte, war damit durchaus nichts zu beweisen. Vor allem aber hörten sie seine Forderungen, eben das, was er als Heil und Leben beschrieb: ein Diener aller werden, sich keine Sorgen machen, sein Gut mit den Armen teilen, sogar die Feinde noch lieben, siebenmal siebzigmal verzeihen, sich um Verachtete kümmern, Böses mit Gutem überwinden, wie man sich selbst liebt und geliebt glaubt, einen anderen lieben ... Sie sahen, daß er selber alles dies tat, aber sie verstanden nur zu gut, daß er es eben deswegen dahin brachte, wovor sich alle vernünftigen Leute wohl zu hüten wissen: zum blamablen und elenden Untergang nämlich. Und nun stellen Sie sich vor, *Sie* wären einer von seinen Zeitgenossen gewesen. Glauben Sie im Ernst, Sie hätten ihm geglaubt? Oder gar: Sie wären ihm gefolgt? Oder auch nur: Sie wären bereit gewesen für die Botschaft, Gott habe ausgerechnet diesen Menschen zum Leben erweckt und das heißt doch *seinen* Weg als Weg zum *Leben* erwiesen?

Natürlich ist doch, *anders* zu denken. Natürlich ist es, zu sagen: Jeder ist sich selbst der Nächste ... Zuerst das eigene Leben ... Geschäft ist Geschäft ... Wie du mir, so ich dir ... Bis hierhin und nicht weiter ... Natürlich ist es, seine Mitmenschen als Rivalen zu betrachten, als Konkurrenten und mögliche Gegner, jedenfalls als solche, gegen die man sich durchsetzen und auf der Hut sein muß; die Armen zu sehen als Schmarotzer und die Hilflosen als eine Belastung, die man sich am besten vom Hals hält. Natürlich suchen wir uns auch ein paar Freunde, aber möglichst solche, von denen wir etwas haben und die im Umgang so angenehm sind. Von Natur aus lebt im Menschen der Wolf, mag ihm die Zivilisation auch inzwischen einige Manieren beigebracht haben. Natürlich ist wohl noch die lebenskluge Einsicht, daß man sich um des Zusammenlebens willen etwas einschränken muß: leben und leben lassen ... Wohl träumen wir manchmal davon, daß es schöner wäre, wenn vorbehaltlose Freundlichkeit unsere Beziehungen beherrschte, und auch uns selbst wünschten wir in der Rolle eines edlen und großzügigen Menschen – aber sobald es ernst wird, ziehen wir Sicherheit vor. Denn von Natur aus steckt in uns die Angst um das Leben, die Ansicht, daß man sich nehmen soll, was man eben bekommt. Natürlich ist, sich auf das einzustellen, was man alltäglich sieht: Wer aus Gewohnheit ausbricht, isoliert sich; wer sich für Schwache einsetzt, muß mit Konflikten und Nachteilen rechnen; wer ernsthaft nach Wahrheit und Recht fragt, eckt oft genug an; wer großzügig ist, kann ausgenutzt werden, und wer den Schaden hat, hat obendrein noch den Spott. Natürlich ist also die Furcht, daß es einem genauso wie Jesus gehen wird, wenn man ihm folgt. Natürlich ist deshalb, *nicht* zu glauben, daß dieser Jesus Gottes Heil gelebt und den Weg des Lebens gezeigt hat, sondern vielmehr zu sagen: leben wie er? Ich bin doch nicht idiotisch.

Unter diesem natürlichen Gesetz leben wir alle: Vorsicht und Sicherheit, Nehmen und Haben, Eigennutz und Vergeltung ... Paulus nennt es das Gesetz der Welt, das Gesetz der Lebensangst und Selbstbehauptung, die Macht des alten Menschen in uns. Dieses Gesetz liegt uns so schwer in den Gliedern, bestimmt so sehr unser Urteilen und Handeln, daß es uns menschenunmöglich scheint, es zu durchbrechen.

Das neue Leben, zu dem Jesus einlädt, müßte deshalb wie eine Herausforderung wirken. Denn er mutet uns in allem Ernst zu, uns auf den Gott, der uns liebt, in allem und ganz zu verlassen. Vor 1900 Jahren haben sie diese Herausforderung empfunden: die Angesehenen, die Bürger, die Frommen. Sie haben ihn als störend, ja gefährlich betrachtet und an die Seite geschafft. Bei uns heute kann das weniger dramatisch zugehen. Es gibt leichtere Möglichkeiten, ihn unschädlich zu machen und sich auf Distanz zu ihm zu halten: Man kann ihn hochloben und verklären, ihn totschweigen und vergessen oder auch ganz einfach sein Bild den eigenen Vorstellungen anpassen. Und trotzdem kann es geschehen, ist es vielleicht auch schon Ihnen einmal widerfahren, daß die Gestalt Jesu aus allen Übermalungen plötzlich hervortrat und alle Schutzmauern durchbrach. Einen Augenblick waren Sie ergriffen und wollten ernst machen. Sie ahnten etwas von dem Anderen, Neuen, das mit ihm möglich sein würde. Aber schon beim ersten Schritt packt Sie der Schwindel: Wohin wird mich das führen, was soll aus allem denn werden? Und dann hielten Sie eine lange stille Entschuldigungsrede: Was will er denn eigentlich? Ich tue doch alles. Ich habe keine Kasse aufgebrochen und kein Haus angezündet. Ich bin ein Mensch wie andere, vielleicht sogar ein bißchen besser. Ich habe gesorgt und gekocht, genäht und Einkäufe gemacht, meine Familie in Ehren ernährt und weitergebracht. Und ein Christ bin ich auch, mit Ostern, Kirchensteuern und Abendgebet. Was will er denn noch?

In Wirklichkeit heißt das: Ich mag nicht. Ich weiß wohl, ich sollte, aber ich mag nicht. Ich schlage die Augen nieder und stelle mich taub. Glücklich aber der, dem das nicht mehr gelingt. Denn das könnte ein Zeichen sein, daß auch in ihm das neue Leben beginnt. Gehen Sie dann um Gottes willen zu niemandem, der Sie beruhigt. Denn Aufrichtigkeit vor Gott ist das Erste und Letzte beim Glauben, und sie ist nicht ohne Beschämung zu haben. Wie langsam es auch gehen mag und selbst wenn wir zurückfallen oder uns auf der Stelle bewegen, wäre diese Aufrichtigkeit doch immer noch besser, als Jesus Christus, den Herrn unseres Lebens, zu einem Gott umzudichten, der nur noch verehrt wird und unser Herz kalt läßt, oder auch zu einem Menschen unseresgleichen, der alles, wie es ist, nur bestätigt und nichts mehr verlangt.

17. Prophetenberufung

Jer 1,4–5. 17–19

Prophet zu sein war keineswegs das reine Vergnügen. Zu zermürbend und undankbar war die Aufgabe, die sie erfüllten: das auserwählte Volk nämlich immer dann an seinen Gott zu erinnern, wenn es sich von ihm, dem es alles verdankte, abwenden, ein Volk wie alle anderen sein wollte und im Begriff war, der eigenen Berufung untreu zu werden und ins Verderben zu rennen. Gewiß war es außergewöhnlich, was von Israel verlangt war: einzig von dem Gott, der es aus Ägypten befreit und nach Kanaan geführt hatte, sollte es auch in Zukunft sein Glück erwarten, allein an seinen Willen sich halten und so seine besondere Bestimmung erfüllen. Und doch wäre es so gerne ein Volk wie alle gewesen, hätte wie sie Politik gemacht, das Land bebaut und die Fruchtbarkeitsgötter verehrt, sich wohlig eingerichtet, die Tage genossen und seinen gütigen und gestrengen Gott ein bißchen vergessen. Immer dann aber erhoben sich die Propheten, um dem Volk und seinen Führern ins Gewissen zu reden. Aus der Unbedingtheit ihres Glaubens heraus haben sie gemahnt und gedroht und zur Umkehr gerufen, haben Unheil und Strafe verkündet und – wenn es dann doch geschehen war – auch getröstet und von neuem ermutigt. Aber nur selten hat Israel diese lästigen Mahner ertragen: Es hat sie beschimpft und gefangengesetzt, gesteinigt oder in die Wüste geschickt. Und später, ja später hat es ihnen dann ein Denkmal gebaut.

Schon die Berufungsgeschichte des Jeremia, die wir als Lesung eben hörten, spricht von unausweichlichen Konfrontationen. In der Tat wäre es eine Täuschung zu meinen, Erwählung vom Mutterleib an – das sei nichts weiter als die glückliche Bestimmung, unter der Hut Gottes ein friedlich-zufriedenes Leben zu führen. Es bedeutet vielmehr, daß ein Mensch von Gott so ergriffen und erfüllt wurde, daß er nun nicht anders kann als von ihm zu reden und gerade dann von ihm zu reden, wenn ihn die anderen verges-

sen. Zu solchem Vergessen neigen sie ja alle: die Könige, die lieber ihrer Politik als Gottes Verheißung vertrauen und sich im Drang zur Macht hinwegsetzen über seine Gebote; die Beamten, die menschliche Einrichtungen für alle Zeit festschreiben möchten; die Priester und Hoftheologen, die sich mit dem Unrecht arrangieren und ohne Skrupel die Mächtigen segnen; das ganze Volk schließlich, das sein kleines Glück festhalten und von allem andern unbehelligt sein möchte. Es war mehr als riskant, wie die Propheten gegen die Könige auftraten: Elias gegen Achab, der den Naboth verleumden und umbringen ließ, um an dessen Weinberg zu kommen; Nathan gegen David wegen des Ehebruchs mit der Frau des Urias; Jesaja gegen Achaz, als dieser sich aus tagespolitischer Rücksicht lieber auf den König von Assur als auf Jahwes Verheißung verließ. Vielleicht noch aufreibender aber als die Kritik an den flagranten Vergehen der Großen war der ständige Kampf gegen die Mittelmäßigkeit des Volkes, gegen seine Halsstarrigkeit und Stumpfheit, gegen seine Selbsttäuschung und sein Sicherheitsbedürfnis. Hosea nennt ihre Liebe lau und vergeßlich. Amos wettert gegen die verfettete Wohlstandsgesellschaft und ihre Ungerührtheit gegenüber den Armen: Es sei ein tragischer Irrtum, fromm zu tun und Gottesdienst zu feiern, im Alltag aber erbarmungslos gegen andere zu sein. Wenn ihr – so predigt auch Jeremia – euch untereinander belügt und betrügt und die Schwächeren ausnutzt, hinter jedem herlauft, der euch Vorteile verspricht und Ruhe und Ordnung, und dann in dies Haus kommt, das nach meinem Namen genannt ist, und sagt: „Dies ist Gottes Haus, hier sind wir sicher!" und dann fortgeht und mit den gleichen Gemeinheiten weitermacht – dann täuscht ihr euch. Denn Jahwes Gericht wird euch treffen.
Wer so kritisiert, der muß bezahlen, und schon die Berufung des Jeremia läßt darüber keinen Zweifel: auf alles soll er gefaßt sein. „Ich werde mit dir sein" – das ist das einzige, was Gott ihm zusagt. Was steht ihm bevor, was wird ihm bleiben? Der dänische Schriftsteller Kierkegaard hat es einmal in einem Gleichnis beschrieben, in der Geschichte von dem Gesandten, der mit einem schönen, aber ungewöhnlichen Auftrag des Kaisers eine Stadt besucht. Das Volk und seine Führer, die er antraf, verstanden ihn

nicht, sondern wurden rasend bei seinem Auftritt. Sie schlugen ihn, spuckten ihn an und jagten ihn wie einen Hund aus der Stadt. Aber nun tritt er beim Kaiser herein, verneigt sich und sagt, bevor er zum Bericht übergeht: „Lassen Sie mich, Majestät, nochmals für die unbeschreibliche Gnade danken, die Sie mir dadurch erwiesen haben, daß Sie mich mit diesem Auftrag betrauten." So ist es – sagt Kierkegaard – wenn ein Gläubiger Gott dafür dankt, daß es ihm schlecht erging. Nicht freilich dafür dankt er, daß es ihm schlecht ging, sondern vielmehr für die Gnade, von ihm berufen zu sein, und darüber vergißt er, was ihm Schlimmes dabei widerfuhr.

Auch bei den Propheten ist es die Freude an Gott, die es ihnen unmöglich macht, von ihm nicht zu reden. Und trotzdem: so heroisch wie der Gesandte in unserer Geschichte sprechen sie nun doch nicht. Denn für Menschen, die sie bleiben und sein möchten, kann Gottes Auftrag und Ehre eine drückende Last sein. Wie mühsam muß es auf Dauer sein, einem widerwilligen Volk, dem gar nichts daran liegt, von Gottes Liebe zu reden. Immer allein gegen die anderen zu stehen, ihre harmlosen Selbsttäuschungen nicht teilen zu dürfen, ständig das schlechte Gewissen zu vertreten, obwohl man doch selber ein Mensch ist und manchmal am liebsten mitmachen möchte – irgendwann wird das einfach zu viel, übersteigt menschliche Kräfte. Von Elias wissen wir, wie er sich unter einen Ginsterstrauch schleppte und nur noch wünscht, daß Gott ihm den Tod schickt. Und auch Jeremia hat unter seinem Auftrag gelitten, hat geflucht und geweint. „Du mein Gott weißt", beklagt er sich, „weil ich dein Wort verkündige, trage ich all diese Schmach. Wenn ich dein Wort empfing, dann war es mir Freude. Aber warum darf ich nie sitzen in der Fröhlichen Kreis, nur einsam für mich sein im Banne deiner Gewalt, erfüllt mit Zorn und mit Trübsal?"

Bloße Freude an der Kritik also kann es nicht sein, was die Propheten bewegte. Zu den Besserwissern, die die Kritik zum Selbstzweck erheben, sich kalt und erbarmungslos geben und von denen es wahrhaftig genug gibt – zu denen gehören sie nicht. Dies Nörgeln aus Unzufriedenheit und Geltungsbedürfnis, das Wühlen im Dreck, das Schnüffeln nach Fehlern der anderen und die hämische Freude, wenn man sie findet; das Vergnügen an Schärfe und die Genugtuung, die im Entlarven und Schlechtmachen besteht – nichts davon bei den Propheten. Wenn *sie* scharf sind, leiden sie selber am meisten, und oft genug haben sie Gott angeboten, selber die Strafe zu dulden statt sie dem Volk verkünden zu müssen. Viel lieber reden sie von der Verheißung statt vom Gericht, vom neuen Bund statt vom Versagen des alten, vom künftigen Friedensreich statt vom gegenwärtigen Unrecht. Wer von Gott zu reden hat, ich glaube, am liebsten würde er von der Freude und von nichts anderem sprechen, von der Freude, daß Gott uns das Dasein geschenkt und für seine Liebe bestimmt hat. Und dies mit ganz einfachen Worten versuchen. „Du bist erschaffen", möchte er sagen, „du bist da, ein Mensch, der sehen kann, bedenke: du kannst sehen, du kannst hören, schmecken und fühlen. Die Sonne scheint für dich, deinethalben, und wenn sie müde wird, fängt der Mond an. Es wird Frühling und Herbst, es gibt Worte, Farben, Musik; es gibt Menschen: ihr könnt euch lieben; und noch mehr: Gott selber liebt euch, ihr könnt ohne Furcht sein" . . . Warum reden sie nicht so, die Propheten, wenn sie es doch möchten? Warum begnügen sie sich nicht, Gott für das Dasein und seine Liebe zu preisen, wie es den Menschen wohl tut und sie es gern haben würden?

Zwei Gründe sind es, die das verhindern, Gründe – meine ich –, die seit den Tagen der Propheten an Aktualität nichts eingebüßt haben. Der erste: Wer Gottes Liebe erfährt, wird sogleich die Verpflichtung verspüren, für alle Menschen Gerechtigkeit zu schaffen, denn es wäre nicht *Gottes* Liebe, wenn sie irgendwen auslassen würde. Eben dieser Glaube ist es, der die Propheten zu den ersten gemacht hat, die in unserer Geschichte als Anwalt der Unterdrückten auftreten. Keine spätere Revolution hat die Schärfe ihrer Sozialkritik überboten; und keiner hat es so klar wie sie vor ihnen gewagt, Kritik auch am Heiligsten, der Religion selber zu üben, wo immer sie Elend von Menschen verklärt oder verschleiert. So nachdrücklich haben sie den wahren Gottesdienst an die alltägliche Glaubenspraxis gebunden, daß es bei den Frommen aller Zeiten Ärgernis erregte. Es ist Täuschung, sagen sie, mit Gebeten das Handeln zu ersetzen. Euer Gotteslob, sagen sie, ist Egoismus, wenn es über Menschen hinwegsieht. Es ist Unglaube, sagen sie, euch am Dasein und an Gottes Liebe zu freuen, ohne Ungeduld über die Wirklichkeit zu spüren.

Was sind das für Zeiten
– hat im gleichen Sinn Brecht einmal geschrieben –
wo ein Gespräch über Bäume fast ein Verbrechen ist,
weil es ein Schweigen über so viele Untaten einschließt.
Man sagt mir: Iß und trink du! Sei froh, daß du hast!
Aber wie kann ich essen und trinken, wenn
ich dem Hungernden entreiße, was ich esse, und
mein Glas Wasser einem Verdurstenden fehlt?

Ich beneide sie alle – schrieb Günter Eich – die vergessen können,
die sich beruhigt schlafen legen und keine Träume haben . . .
Doch ich zweifle an der Güte des Schlafes, in dem wir uns wiegen.
Es gibt kein reines Glück mehr, gab es das jemals?
Fuhrest auch du einmal . . . auf,
weil ein Schrei dein Ohr traf, jener Schrei,
den unaufhörlich die Erde ausschreit und den du
für Geräusch des Regens sonst halten magst oder das Rauschen des Winds.
Sieh, was es gibt: Gefängnis und Folterung,
Blindheit und Lähmung, Tod in vieler Gestalt . . .
Die Seufzer aus vielen Mündern sammelt die Erde:
Alles, was geschieht, geht dich an.

Alles, was geschieht, geht uns an. Gott selber läßt es sich angehen! Solange es deshalb Gefolterte gibt und Unterernährte, solange Menschen mit dem Dreck gleichgesetzt werden, in dem sie wohnen oder den sie wegschaffen müssen, solange Kinder in Verhältnissen aufwachsen, die sie zu Kriminellen abstempeln, solange die Alten allein vor ihrem Weihnachtsbaum sitzen und an Weihnachten Selbstmorde geschehen, solange Politiker ihre Politik statt für Menschen für Ideologien und Wahlsiege machen und die Stärkeren bestimmen, was als Recht gilt, solange Menschen über Menschen wie Sachen verfügen und um ihre Lebensmöglichkeiten betrügen – solange können wir Gott für seine Liebe nicht danken, ohne *kritisch* zu werden, auch wenn dies anderen nicht paßt und vielleicht am meisten uns selber weh tut, weil auch wir ja viel lieber dazugehören und freundlich sein möchten.

Aber noch ein zweiter Grund ist zu nennen. Selbst wenn es gelänge, die bitterste Not auf der Welt und das schreiendste Elend zu beseitigen und überall unseren Wohlstand zu verbreiten, wäre trotzdem der Streit nicht am Ende. Denn dann würde die Frage nach der Bedeutung des Ganzen, die Frage nach dem sinnvollen Leben entstehen. Schon Jesaja und Jeremia haben es als Götzendienst bezeichnet und schonungslos verspottet, wenn Menschen anbeten, was sie mit eigenen Händen hergestellt haben. „Man kann doch nicht leben von Eisschränken, Kreuzworträtseln und Handelsbilanzen", hat im gleichen Sinn Exupéry einmal geschrieben. „Zwei Milliarden Menschen, die auf den Roboter hören und selbst dazu werden . . . da gibt es nur ein Problem, ein einziges noch: was kann man, wie kann man dem Menschen sagen, daß sein Leben noch mehr ist . . . Ach, sie hätten einen Gott bitter nötig." Gerade wenn alles reibungslos funktionierte und alle satt wären, könnten wir von Gottes Liebe erst recht nicht schweigen. Wiederum würden wir kritisch sein müssen, kritisch nun gegen alle, die die tiefsten Hoffnungen des Menschen ersticken und ihn mit Scheinbefriedigungen abspeisen; die uns ablenken und einreden möchten, wir machten uns nur krank mit unserer Gottesvorstellung und -sehnsucht, besser führen wir, wenn wir uns anpassen und mitspielen würden; was allein zähle sei das, was wir hätten, und selbst Liebe und Freude seien nicht schön durch das Unbedingte, das damit unter Menschen begänne, sondern allein durch das, was wir mit Händen machen und festhalten könnten. Wie denn, wie nur sollten wir dem zustimmen können, ohne sämtliche Verheißungen des Glaubens zu verraten und uns schließlich auch als Mensch aufzugeben?
Vielleicht sagen oder denken Sie jetzt, so auf Gegensatz und Kritik zu bestehen, sei doch nicht christlich. Christentum sei doch die Religion des Friedens und der Versöhnung. Wohl ist es wahr:

Die Bergpredigt preist die Friedensstifter selig und das Evangelium schenkt und fordert vor allem anderen Versöhnung. Haß und hämische Rechthaberei bleiben den Christen ebenso wie jede Zuflucht zur Gewalt ein für allemal verboten, und nicht eher dürfen sie ruhen, bis die Versöhnung aller erreicht ist. Aber eben deshalb ist der Friede, von dem das Evangelium redet, etwas anderes als der faule Friede, in dem wir unsere halbherzigen Kompromisse zwischen Glauben und Wirklichkeit schließen und unsere Feigheit, Farbe zu bekennen, vertuschen. Nicht um Frieden zu bringen, bin ich gekommen, sondern den Streit – auch das ist ein Wort, das Jesus gesagt hat. Wenn wir nur deshalb als umgängliche Menschen geschätzt werden, weil wir uns einzuschmeicheln verstehen und jedem nach dem Mund reden, auch wenn er die Wahrheit verzerrt und andere erniedrigt, dann ist das ein verlogener Friede. Wenn wir nur deshalb beliebt sind, weil wir in den praktischen Fragen des Alltags peinlichst alle Argumente und Ziele verschweigen, die aus dem Glauben herkommen könnten, dann ist das eine feige Versöhnung. Wenn wir nur deshalb in der Gesellschaft nicht auffallen, weil wir uns ihren Spielregeln angepaßt und auf die Seite der Einflußreichen geschlagen haben, wenn wir widerspruchslos ihre Rüstungen segnen und eine Freiheit verteidigen, die sich auf Kosten Unzähliger ein üppiges Leben erlaubt, dann sind wir Mitläufer, die an ihrem ursprünglichen Auftrag bequemen Verrat geübt haben. Und wenn wir nur deshalb als harmonisch und angenehm gelten, weil auch wir uns unter Glück nichts anderes mehr vorstellen können, als was uns täglich von einer hemmungslosen Konsumindustrie eingebläut wird, dann hat das mit der Hoffnung, die zuerst mit den Propheten und endgültig mit Jesus Christus in die Welt kam, nichts, aber auch gar nichts mehr zu tun.
Eine Betrachtung der Propheten, so sehen wir also, führt am Ende zu Fragen an uns selbst. Denn *wir* sind ja die Menschen, die ihnen ihr Schicksal bereiten und ihrer dennoch so nötig bedürfen, ja als Gläubige ihnen eigentlich etwas ähnlich sein müßten. Sind wir – so lautet die Frage – wenigstens noch fähig, auf sie zu hören? Noch empfindlich für die Not von Menschen, noch empfänglich für den Gott, den sie künden? Oder sind wir schon unerreichbar

geworden, so stumpf und zufrieden, daß alles umsonst ist? In einem ihrer Gedichte hat Nelly Sachs eben diese Frage beschworen:

Wenn die Propheten einbrächen
durch die Türen der Nacht
mit ihren Worten Wunden reißend
in die Felder der Gewohnheit . . .
und ein Ohr wie eine Heimat suchten –
Ohr der Menschheit,
du nesselverwachsenes,
würdest du hören?

Wenn die Stimme der Propheten
auf dem Flötengebein der ermordeten Kinder
blasen würde . . .
wenn sie eine Brücke aus verendeten Greisenseufzern
baute –
Ohr der Menschheit,
du mit dem kleinen Lauschen beschäftigtes,
würdest du hören?

Wenn die Propheten aufständen
in der Nacht der Menschheit
wie Liebende, die das Herz des Geliebten suchen,
Nacht der Menschheit,
würdest du ein Herz zu vergeben haben?

18. Die Stimme des Amos

Am 6,1.4–7; 7,10–17

Wer einen Propheten kennenlernen will, muß Amos hören, von dem heute unsere Lesung berichtet. Er ist der erste Prophet Israels, dessen Reden gesammelt und in einem eigenen Buch zusammengestellt wurden. Er ist zugleich einer der profiliertesten Propheten überhaupt. Allerdings muß ich Sie warnen: Es kann unangenehm werden und gefährlich, sich diesem Seher aus Juda zu stellen. Trotzdem bitte ich Sie, sich einmal in die Zeit dieses Mannes zurückzuversetzen und anzuhören, was er damals zu predigen hatte. Und – wie ich meine – fast genauso *heute* predigen würde.
Die Szene am Ende unserer Lesung spielt am altehrwürdigen Heiligtum zu Bethel, knapp 20 km nördlich von Jerusalem. Die Grenze zwischen Juda und dem nördlichen Bruderstaat Israel verläuft damals ein Stück südlich von Bethel, so daß dieser Ort schon nicht mehr zum Hoheitsgebiet der Jerusalemer Herrscher gehört. Israels König residiert zu dieser Zeit in Samaria. Es ist um das Jahr 760 v. Chr. Schon ein Vierteljahrhundert und mit größtem Erfolg regiert Jeroboam II. Durch geschickte militärische Operationen hat er das Staatsgebiet nach Norden und Osten erweitert. Nun blüht der Handel und mit ihm der Reichtum. Für die Reichen ist Hochkonjunktur.
Allerdings, eben nur für die Reichen! Daß es zugleich Armut und soziale Mißstände gibt – davon können ja gerade außenpolitische Erfolge vorzüglich ablenken. Solange sich aber die ungerechten Verhältnisse im Innern nicht ändern, werden auch von der Ausweitung des Außenhandels nur die profitieren, die es ohnehin schon zu Besitz gebracht haben. Und je mehr sie sich der Vermehrung ihres Wohlstandes widmen, desto blinder werden sie für die andern, die auf der Strecke blieben, im Schatten leben müssen und keine Stimme haben. Daß die Zeiten gut sind, ist offizielle, herrschende Meinung, doch gibt die – auch in diesem

Fall – nur die Meinung der Herrschenden wieder. Und darum fährt das Wort des Amos dazwischen:

Sammelt euch einmal auf dem Berg Samarias.
Seht den maßlosen Terror in seiner Mitte
und die Unterdrückten darin.
Nein, sie verstehen nicht, das Rechte zu tun:
sie, die Gewalttat und Bedrückung in ihren Wohnburgen häufen.

Der Aspekt, den Amos da ins Spiel bringt, zeigt die Konjunkturblüte in einem ganz anderen Licht. Sein Wort raubt den Erfolgreichen ihre Unschuld, indem es beim Namen nennt, was sie verdrängen: Der Reichtum der wenigen basiert auf der Armut der vielen. Was die Wohlhabenden als rechtmäßigen Erwerb betrachten und genießen, beruht für Amos auf Unrecht und Terror:

Sie treten den Kopf des Geringen in den Staub
und räumen den Elenden aus dem Weg.
Auf Kleidern, die von Armen gepfändet sind,
lagern sie sich gemächlich,
vom Geld der Entrechteten trinken sie Wein.

Dabei weiß Amos genau, was er redet, denn er hat ganz konkrete Vorgänge im Auge. Erst kürzlich war eine Wirtschaftskrise gewesen. Wirtschaftskrise – das bedeutet damals Mißernte. Ein Dürrejahr, zu wenig Korn also, um bis zur nächsten Ernte zu kommen. Zu wenig Heu außerdem, das Vieh wird verenden. Einige aber gibt es, die soviel Äcker und Weideland besitzen, daß sie nicht nur für sich selbst genug ernten, sondern auch anderen noch abtreten können. Ein Sack Korn also für den ärmeren Nachbarn, aber: ein Sack Korn für zwei Sack Korn, pünktlich nach der nächsten Ernte zu zahlen. Dabei wird man reich und der andere macht mit oder aber – er wird eben verhungern. Was aber, wenn er nicht zurückzahlen kann? Nun, zum Schutz des Eigentums gibt es Gesetze, und Recht muß Recht bleiben: Kann er nicht zahlen, so nehme man seine Kleider, sein Vieh oder seinen Acker; reicht das nicht, gibt er seine Frau und seine Kinder als Sklaven, und hat er auch die schon verloren, verkauft man ihn selber in die Schuldsklaverei:

Ihr sprecht, wann sind endlich die Feiertage vorbei,
daß wir wieder Getreidehandel betreiben?
Wann ist der Sabbat um,
daß wir um Korn feilschen und die Preise hochtreiben?
Wir wollen den Armen verkaufen für Geld
und den Schwachen für ein paar Schuhe.

Nicht nur die Erwerbsgier dieser Leute wird hier kritisiert: daß sie auch noch die Feiertage dazu benutzen, Bilanzen zu ziehen und neue Geschäfte zu planen; und nicht nur, wo sie aus Gewinnsucht eindeutig gegen die Gesetze verstoßen, indem sie z.B. die Maße fälschen und die Richter bestechen, klagt Amos sie an. Das Unerhörte liegt vielmehr darin, daß er das geltende Recht selber angreift. Denn Schuldsklaverei war legal und damals sogar üblich. Was aber ist das für ein Recht, das es zuläßt, daß man Menschen wie Dinge behandelt, als Waren, mit denen man handelt? Und was ist von einer Ordnung zu halten, die solche Entwicklungen begünstigt? 800 Jahre vor Christus und wohl überhaupt als erster hat Amos die Folgen der materiellen Ungleichheit zwischen den Menschen gesehen und den Mechanismus der Verelendung beschrieben. Er hat begriffen, daß am stärkeren Hebel allemal der sitzt, der über Besitz verfügt und das Kapital arbeiten läßt. Daß sogar und gerade Krisen ihm nützen, weil er dabei den Kleineren an die Wand drücken kann und der Bestand sich vermehrt. Wie er den Markt zunehmend erobert, ihn schließlich beherrscht und dann nicht nur die Preise der lebensnotwendigen Produkte, sondern auch die Löhne derjenigen diktiert, die nichts als ihre Arbeitskraft haben und in ihrer Abhängigkeit so wehrlos geworden sind, daß sie mitmachen müssen und sich schließlich selber verkaufen. Und das alles im Rahmen der geltenden Gesetze! Auf sie also konnte sich Amos nicht berufen, um etwas zu verbessern; und politische Veränderungen zu planen und einzuleiten, dazu fehlte ihm die Macht und das war wohl auch nicht seine Sache. Was er tat, war viel unmittelbarer und nur ein erster, allerdings notwendiger Schritt: mit aller Deutlichkeit nämlich das Unmenschliche dieser Zustände zu zeigen und den Elenden seine Stimme zu geben. Mag sein, daß er hoffte, die Angehörigen der Oberschicht schon dadurch zum Erschrecken und zur Einsicht bringen zu können, daß ihnen ihr Lebensstil und zugleich diejenigen vor Augen gestellt würden, von deren Ausbeutung sie lebten. Soviel Menschlichkeit würde doch auch in ihnen noch stecken, daß sie sich schämen und nachdenklich würden. Deshalb formuliert er seine Anklagen so drastisch, ohne dabei jedoch ungenau zu werden:

Wehe den Sorglosen auf dem Berg Samarias,
die da liegen auf Betten von Elfenbein,
sich räkeln auf ihren weichen Lagern,
die die Böckchen aus der Herde verspeisen
und die Kälber mitten aus der Mast,
die grölen zum Klang der Laute
und sich wie David Lieder erfinden.
Ihr trinkt den Wein gleich aus Kannen
und verbraucht nur Spitzenöle zum Salben –
das Verderben des Volkes aber kümmert euch nicht.

Und die Wirkung dieser Rede? Schon Amos und er wohl als erster mußte es erfahren, daß Kritik an der Wohlstandsgesellschaft abgleitet wie das Wasser am Fett. Dennoch wußte er, daß er sich damit nicht abfinden *durfte,* daß er das Unrecht, auf dem der Luxus beruhte, weiterhin aussprechen mußte und daß – wenn das alles nichts half – unfehlbar das *Gericht* eintreffen würde:

Ihr – so predigt er deshalb noch einmal –
ihr, die ihr sitzt in der Ecke des Diwans
und auf dem Lager von Damast –
hört dies Wort ihr Basankühe, vornehme Frauen,
die Hilflose unterdrücken, Bedürftige schinden,
die ihr zu euren Herren sprecht:
bringt her, laßt uns trinken!
Es werden Tage über euch kommen,

da schafft man euch fort mit Stricken
und schleift euch davon mit Haken,
in die Düngegrube wird man euch werfen.

So ungeschminkt die gepflegten Damen der Wohlstandsprominenz als Basankühe und d.h. auf deutsch: als Mastvieh zu bezeichnen und ihnen, die nur Spitzenkosmetika verwenden, mit einem derart unappetittlichen Ende zu drohen – das verrät die Sprache des Bauern, wie Amos eben einer war. Noch mehr aber zeigt es den verzweifelten Zorn eines Menschen, der das Leiden der Sprachlosen gesehen hat und nun nicht mehr fähig ist, es zu vergessen. Wie aber um Gottes willen soll er denn, wie überhaupt kann man denn die Ohren von Menschen aufsprengen, die sorglos in ihre Sessel sinken, ihre Zukunft gesichert finden und den Schaden der andern, obwohl *sie* an ihm schuld sind, ungerührt ignorieren und gegen jede Erkenntnis immun sind? Das Schlimmste aber ist, daß sie sich bei alldem sogar noch *fromm* vorkommen können. Denn sie halten ja ihre Wallfahrten und Tempelgottesdienste, sie bringen ja ihre Opfer. Da aber wird Amos geradezu sarkastisch:

Zieht ein in Bethel und – übt gleichzeitig Verbrechen,
zieht ein im Tempel und – übt Verbrechen.
Bringt am Morgen eure Schlachtopfer,
am dritten eure Zehntabgaben,
ruft auch freiwillige Gaben aus – recht laut!
Denn so liebt ihr es, ihr Israelsöhne.

So lieben *sie* es, sagt Amos, für sich selbst tun sie dies alles, auch wenn sie nebenher vielleicht Gott dienen wollen. Denn je aufwendiger das Opfer, desto höher das Ansehen des Spenders, und je mehr Pracht und Betrieb bei den Gottesdienstfeiern, desto größer Genuß und Vergnügen. Aber sie irren sich, wenn sie meinen, daß sie damit schon ihre Pflicht getan hätten und Gott sich beschwichtigen lasse. Gott läßt sich nicht in den Tempel verweisen und mit Opfern abspeisen, er will dort sein, wo sie *leben,* will sogar in der Öffentlichkeit dabei sein, auf dem Platz vor dem Tore z.B., wo sie über Recht und Unrecht entscheiden. Solange das nicht der Fall ist und sie Gott von ihrem Mitmenschen trennen, dient alles andere nur der Täuschung, und frommer Selbstbetrug ist besonders gefährlich, denn:

Ich hasse, spricht der Herr, ich verwerfe eure Feste,
eure Versammlungen kann ich nicht riechen.
Ich habe kein Gefallen an euren Spenden,
eure fetten Schlachtopfer will ich nicht sehen.
Hört auf mit dem Lärm eurer Lieder,
ich mag das Klimpern auf der Harfe nicht hören.
Denn ich kenne die Zahl eurer Verbrechen:
in die Verbannung werde ich euch bringen.

Dies Letzte aber war dann doch wohl zu stark. Der Oberpriester Amazja – so hörten wir in der Lesung – läßt gegen Amos eine Anzeige los. Landfriedensbruch und Aufruhr, lautet die Begründung. Der entscheidende Punkt aber ist, daß Amos es gewagt hat, Volk und König mit der Verbannung zu drohen, denn damit war Israels Erwählungsbewußtsein getroffen. Jahwe hat Israel aus Ägypten geführt und ihm dies Land zu eigen gegeben – kein Glaubenssatz wurde ja so häufig wie dieser in Israel gesprochen. Gerade deshalb, hatte Amos jedoch erwidert, gerade *weil* Gott euch erwählt hat, ahndet er auch all eure Vergehen. Weil ihr sein Geschenk mißbraucht habt, kann und wird er es euch nehmen. Gerade Israel, das in seiner Frühgeschichte den Einsatz seines Gottes gegen die Starken und für sich selbst, das schwache Sklavenvolk, erlebt hatte, gerade dieses Volk mußte doch ein für allemal wissen, daß die Sache des geschundenen und hilfsbedürftigen Menschen die Sache *Gottes selbst* ist. Eben daran hatte Amos erinnert.
Dem Oberpriester aber ist unwohl zumute. Kaum hat er als beflissener Staatsdiener die subversive Tätigkeit des Amos nach Samaria gemeldet, schlägt ihm nun sein Priestergewissen. Denn wer weiß, ob nicht doch etwas daran ist an den Reden dieses Mannes. An einem Prophetenmord jedenfalls möchte er nicht mitschuldig werden. Deshalb rät er ihm heimlich und im Guten,

entweder seinen Prophetenmund zu halten oder aber über die Grenze ins Ausland, in seine Heimat Juda zu gehen. Denn hier, in Samaria und Bethel, habe nun einmal der König zu sagen. Und was antwortet Amos?

Ich bin kein Staatspriester wie ihr und kein bezahlter Berufsprophet wie andere, sondern Viehzüchter und Bauer. Doch hinter der Herde weg hat Jahwe mich berufen. Geh hin, sagte er, verkünde meinem Volk meinen Willen. Du rätst mir, Amazja, nichts Gefährliches gegen Israel zu sagen. Deshalb höre Jahwes Spruch: verschleppt wird dieses Volk und im fremden Land sterben.

Was Amos angedroht hatte, ist 40 Jahre später geschehen. Was aus ihm selbst wurde, wissen wir nicht. Denn außer dem Vorfall in Bethel sind nur seine Reden überliefert. Und nun habe ich eingangs behauptet, daß sie auch für uns aktuell sind. Zwar habe ich mich aufs Erzählen beschränkt, doch war dabei von uns schon die Rede. Natürlich kann man sagen, unser Land sei doch mit Samaria nicht vergleichbar. Aber wenn Sie in die Dritte Welt und insbesondere nach Lateinamerika blicken, treffen die Analysen des Amos Punkt für Punkt zu. Der wirtschaftliche Aufschwung, den man dort verzeichnet, kommt fast ausschließlich der Oberschicht und allenfalls noch dem unbedeutenden Mittelstand zugute, während die Volksmassen entwurzelt werden und immer tiefer verarmen. Es ist vorgekommen, daß man Landarbeiter aus dem Nordosten Brasiliens in den Süden verkauft hat, und im Amazonasgebiet werden die Indianer vertrieben und ausgerottet, um Platz für Industrien zu schaffen. Ersparen Sie mir, die Bilder der entsetzlichen alltäglichen Armut zu beschreiben. Daß in El Salvador 50 % der Kinder das fünfte Lebensjahr nicht erreichen, spricht als Beispiel erschütternd genug. Niemand wird verfolgt, weil er Christ ist, es wird ihm nur verboten, daraus Konsequenzen zu ziehen. Die Regierungen lieben es, Kirchen und Kapellen zu stiften, und bei ihrer Einweihung sitzen die Militärs in den vordersten Reihen. Wer aber versucht, das Volk zum Sprechen zu bringen, den bringen sie zum Schweigen.
Unser Land, sagte ich, ist mit Samaria nicht zu vergleichen, es gilt

als sozial und wirtschaftlich befriedet, und seine Rechtsordnung wird als vorbildlich betrachtet. In Wirklichkeit aber haben wir unsere Klassenprobleme nur exportiert und machen mit den Mächtigen armer Länder gemeinsame Sache. Die Weltmarktpreise bestimmen die *reichen* Nationen; in den meisten Fällen sind sie weiterhin im Sinken und die Folgen tragen wiederum die Schwächsten. Unsere Unternehmen investieren im Ausland, wo sie Minimallöhne zahlen und der soziale Schutz gleich Null ist. Irgendwie muß die Gewinnspanne ja stimmen und irgendwer muß unsern Wohlstand ja schließlich bezahlen. Unterdessen läuft hierzulande ein Wahlkampf, in dem wieder einmal keine der Parteien es wagt, von Entwicklungshilfe zu reden und von partnerschaftlicher schon gar nicht, denn damit sind einfach keine Stimmen zu fangen. Wir werden erst munter, wenn die Verteilung des einheimischen Wohlstandskuchens ansteht, unter uns natürlich, versteht sich. Wenn aber ein chilenischer Häftling sich mit dem Kehrblech die Pulsader öffnet, um der Welt ein verzweifeltes Zeichen zu geben, dann ist das – falls es überhaupt zu uns durchdringt – bereits morgen wieder vergessen.

Alles, was ich angedeutet habe, läßt sich belegen, und es wäre darüber, einschließlich der politischen Ursachen und Konsequenzen, ausführlicher zu reden. Und zwar auch hier, auch auf der Kanzel. Denn wenn die Probleme unserer gequälten und entrechteten Schwestern und Brüder nicht in die Kirche gehören, dann gehört das Buch Amos wohl auch nicht in die Bibel.

19. Denn er hatte ein großes Vermögen . . .

Franz von Assisi; Mt 19,16–22

Das heutige Evangelium ist peinlich. Man kann es nicht hören und lesen, ohne sich wie ertappt vorzukommen. Und doch geht eine eigentümliche Faszination von ihm aus. Die Ahnung von einem ganz anderen Leben, für das wir zwar zu kleinlich und engherzig sind, in dem aber doch – wer weiß – vielleicht das Glück liegen könnte, das wir nicht kennen, obwohl wir uns stets nach ihm sehnen. Warum sonst geht jener Jüngling traurig von dannen? Er besitzt doch ein großes Vermögen, er hat eigentlich alles. Warum freut er sich nicht?

Über kaum einen Heiligen ist so vieles und Tiefgründiges geschrieben worden wie über Franz von Assisi. Und doch ist es schwer, dem Geheimnis dieses Menschen nahezukommen. Es muß wohl in jenem ganz anderen Leben liegen, das in ihm durchbricht. Wenn er eine Stadt betrat, erzählt die Überlieferung, dann freuten sich alle, es läuteten die Glocken, frohlockten die Männer und mit ihnen die Frauen, die Kinder klatschten in die Hände, brachen Zweige von den Bäumen und zogen ihm singend entgegen. Als „einen neuen Menschen aus einer anderen Welt" schildern ihn seine Begleiter. Sogar der Sultan, dem Franz inmitten der Kreuzzugskämpfe begegnet, erkennt in ihm einen Mann, „der allen andern ganz unähnlich war". Nach seinem Tod nahm dieses Staunen eher noch zu. Mit ihm – schreibt Dante, der große italienische Dichter – „ward der Welt eine neue Sonne geboren". Große Worte für einen Mann, der selber ganz unscheinbar war. Doch was sie sagen wollen und alle an ihm erfuhren, war etwas anderes. Denn in keinem Menschen nach Jesus selber hat der Geist des Evangeliums so anschaulich Gestalt angenommen wie in Franziskus: der Geist der Armut und Einfachheit, der Dankbarkeit und Freude, der Brüderlichkeit und Güte. Dadurch ist er nicht nur für die Kirche seiner Zeit zur Rettung geworden, eine Kirche, die veräußerlicht war und verfettet und tief in politische

Händel verstrickt, sondern auch bis in unser Jahrhundert ein Zeichen geblieben, das immer wieder Ärgernis und Begeisterung ausgelöst hat.
In sein Testament schreibt Franziskus: „Niemand hat mich gelehrt, was ich tun müsse; aber er selbst, der allerhöchste Gott, hat mir geoffenbart, daß ich leben müsse nach der Form des Evangeliums". Allerdings hat auch er lange gebraucht, um diesen Weg als seinen Weg zu erkennen. Bernardone, sein Vater, war assisischer Kaufmann, ein energischer Unternehmer und scharfer Rechner, weitgereist, angesehen bei Fürsten und – reich. Die Berichte dieses Mannes, aber auch die Erzählungen der Troubadoure und die Lieder seiner französischen Mutter wecken im Sohn ein unbändiges Verlangen nach Größe, Ehre und Schönheit. In den kriegerischen Wirren seiner Zeit geht er auf Abenteuer und Ruhm aus, mit seinen Freunden feiert er übermütige Feste. Gleichzeitig aber muß er erfahren, daß sich in ihm das Gefühl einer Leere auftut. Eines Tages lädt er die Freunde zum Gastmahl. Sie machen ihn zum König des Festes, und nachdem die Tafel zu Ende ist, ziehen sie mit Gesang durch die hallenden nächtlichen Straßen, er mitten unter ihnen, in der Hand das Zepter seiner Regentschaft. Auf einmal, heißt es, sei er zurückgeblieben und still geworden und in sich versunken; eine solche Freude habe ihn plötzlich erfüllt, daß er weder zu reden vermochte noch sich zu bewegen und nichts anderes fühlen und vernehmen konnte als diese Freude. Die betroffenen Gefährten ziehen ihn auf. Ob er an ein Mädchen denke, das er zur Frau nehmen wolle? Aber das ist es nicht, er weiß selbst nicht, was ihn da berührt hat . . .
Beunruhigt läuft er in die Einsamkeit der umbrischen Berge, um Klarheit zu finden. Nun werden die Armen, die er dort trifft, seine Freunde, denn wie durch ein Geheimnis fühlt er sich ihnen verbunden. Eines Tages reitet er aus. Da steht ein Aussätziger am Weg. Die Leprosen waren ihm immer schon ein Ekel gewesen, seine Sinne rebellieren gegen das Häßliche dieses entsetzlichen Schicksals, und auch jetzt will er schon das Pferd wenden. Dann aber begreift er, was er getan hat, kehrt um, springt aus dem Sattel, gibt alles, was er an Geld bei sich hat, und küßt dem Kranken die Hand . . .

Aber noch eine dritte Erfahrung steht ihm bevor, und erst sie bringt endgültige Klarheit. Bei seinem Umherirren gerät er in die kleine Kapelle San Damiano, vor das Bild des Gekreuzigten, das man heute noch dort sehen kann. Lange steht er da und schließlich begreift er: es ist die Liebe, allein die Liebe, die so weit gehen kann und so etwas tut. Von jener Stunde an, heißt es, war sein Herz verwundet und „glutfließend" vom Gedächtnis des Leidens des Herrn. Zugleich hat er die Gewißheit gefunden, daß Gott die Bereitschaft, die er ihm anbietet, annimmt. Natürlich war der Konflikt mit dem Vater nicht zu vermeiden. Zunächst versteckt er sich vor ihm, der den Herumtreiber sucht, in den Bergen, dann aber treibt ihn sein Ehrgefühl nach Assisi zurück. Das Volk hält ihn für verrückt, läuft zusammen, verhöhnt ihn. Der beschämte und aufgebrachte Vater wirft ihn in ein dunkles Gelaß. Mit Hilfe der Mutter gelingt ihm die Flucht. Der Konflikt spitzt sich zu, zuletzt treffen sie vor dem Bischof zusammen. Ohne ein Wort tritt Franz in den Raum, ganz nackt, legt seine Kleider dem Richter zu Füßen und spricht: „Hört es alle und versteht es wohl: bis jetzt habe ich den Petrus Bernardone meinen Vater genannt, doch nun gebe ich ihm alles zurück, das Geld und die Kleider, und will sagen von nun an: Vater unser, der du bist in den Himmeln – nicht mehr: Vater Petrus Bernardone."
Eine harte Geschichte, ohne Frage – aber rechnen nicht auch die Evangelien mit solchen Konflikten? Jedenfalls ist Franziskus jetzt frei von den Bindungen des vorgezeichneten standesgemäßen Lebens, kann nun ungehindert seinen Weg gehen. Es wäre zu erzählen, wie er wandert, die Einsamkeit sucht und wieder zu den Menschen zurückkehrt; wie die Menschen aufhorchen bei seinem Wort und ihm vertrauen; von der brüderlichen Nähe wäre zu reden, in die er sie zueinander bringt; wie er es versteht, das wölfische brutale Wesen in ihnen zu lösen und die guten Kräfte, Großmut und Liebe zu wecken; wie er in die Familien, in Stadt und Land, wo alles von Hader zerrissen ist, Versöhnung bringt; von seiner ansteckenden und lösenden Freiheit wäre zu reden, von der Heiterkeit, die er ausstrahlt, seiner Verbundenheit mit allen Geschöpfen . . . Aber es ist schwer und sogar etwas gefährlich, von all dem zu sprechen, denn nur zu leicht gleiten sol-

che Schilderungen ins Verklärende und Kitschige ab. Die reale Herausforderung, die das Leben dieses Mannes für seine wie für unsere Zeit darstellt, wird dann ganz übersehen. Deshalb möchte ich lieber versuchen, noch etwas auf diese Zeit einzugehen, in der er auftrat und zu der er sich in einen radikalen Gegensatz stellte. Es ist das Jahrhundert, in dem die Grundlagen unserer gegenwärtigen Zivilisation gelegt wurden: Geldgebrauch und Privateigentum; eine Zeit, in der unwiderruflich und von einer ganzen Gesellschaftsklasse jener Weg eingeschlagen wurde, auf dem wir als bürgerliche Menschen bis heute marschieren.

Denn vor achthundert Jahren begannen die Menschen in einigen europäischen Städten einen eigenartigen und bislang unerhörten Wunsch zu verspüren: sie wollten wissen, wie spät es ist. Die Zeit, in der man lebte, wird zu einer Zeit, aus der man etwas macht. Die mechanische Uhr wird erfunden: Zeit ist Geld und Geld ist Macht. Ein neuer Menschentyp betritt nun die Szene: der sich Eigentum schaffende und durch Leistung ausweisende Bürger. Statt die Welt wie bisher nur zu betrachten, macht er sich daran, sie zu erforschen und zu beherrschen. Denn auch Wissen ist Macht, die Universitäten werden gegründet. Es beginnt eine Zeit wissenschaftlicher und wirtschaftlicher Blüte, mit expandierendem Handel und kräftigem Bevölkerungswachstum; und auch in den Kreuzzügen, die die Christenheit führt, zeigt sich dieser Wille nach Bereicherung und Herrschaft. In dieser neuen Zeit nun, die bis heute von Wachstum, Fortschritt und vom Haben bestimmt ist, tritt Franz auf und stellt ihr die alte Praxis des Evangeliums entgegen. Ein kleiner, unscheinbarer, aber lebhafter Mann, ein schmächtiger Nervöser mit viel Charme und abstehenden Ohren. Er trägt ein sackartiges Gewand von schmutziggrauer Farbe, vielfach geflickt und mit einem Strick zusammengehalten. Er geht barfuß in Sommer und Winter, lebt von zusammengebettelter Nahrung, nächtigt in Scheunen und Höhlen. Seine Konstitution ist keineswegs robust, die Energie, die diesen Mann in Trab hält, sitzt mit Sicherheit nicht in den Muskeln. Sein Wille kommt eher aus der Verneinung alles dessen, was uns bürgerliche Menschen funktionstüchtig macht. Denn er verleugnet hartnäckig das Sammeln von Schätzen, das Sparen und Planen, die Klassenzugehörigkeit und das Prestigedenken, den Hunger nach Einfluß und Macht. Bei ihm fehlen alle die Gefühle, die zu uns bürgerlichen Menschen gehören: die Gefühle des Neides und zugleich der verstohlenen Bewunderung für alle, die Erfolg haben. Und was vielleicht am erstaunlichsten ist: er hat keinerlei Angst vor dem Tod. Er hat das erreicht, wovon wir alle nur träumen: ein Dasein, das furchtlos und dankbar in der Gegenwart lebt und sich unbefangen für alles öffnet, was ihm begegnet.

Bei alledem bleibt Franziskus ganz frei von jedem revolutionären Gehabe, er protestiert nicht ausdrücklich gegen Gesellschaft und Kirche. Er zeigt einfach und allein durch sein Dasein, daß es eine Alternative zu der bestehenden Gesellschaft und Lebenseinstellung gibt. Gegen das Gehabe der Herrschenden setzt er mit verwirrender Konsequenz den Jesus der Bergpredigt, gegen die Verehrung des Geldes ein Dasein, das ohne privates Eigentum auskommt, gegen die Gewalt der Kreuzzüge eine höchst offensive Friedfertigkeit, gegen die Verhältnisse der Abhängigkeit und Unterdrückung eine Haltung gegenseitigen Gehorsams, eine Ordnung der Güte, in der es keine Vorgesetzten mehr gibt. Aus dem reichen Sohn des frühbürgerlichen Vaters, der die Aussätzigen nicht riechen kann, wird der selber Ausgesetzte, der an der Seite der Elenden die Wahrheit der Seligpreisungen erfährt. Und anstelle der Moral der Aufsteiger und der Starken versucht er eine Überzeugung zu leben, die in ihrer einfachen Logik beschämend und geradezu umwerfend ist. Denn als der Bischof von Assisi ihm vorhält, so wie er, Franziskus, könne man doch unmöglich leben, gibt er ihm zur Antwort: „Herr, wollten wir etwas besitzen, dann müßten wir auch Waffen zu unserer Verteidigung haben. Daher kommen ja die Streitigkeiten und Kämpfe alle und verhindern die Liebe. Deshalb wollen wir überhaupt nichts besitzen."

Es dürfte klar sein, daß die Armut, die dieser Mensch lebte, nichts mit Weltflucht oder Weltverachtung zu tun hat. Es gibt wohl kaum einen zweiten, der so ohne allen Krampf und ohne jede Spur saurer und grimmiger Moral die Nachfolge Jesu gelebt hat wie Franz von Assisi. Die Schönheit der Welt ist ihm keineswegs häßlich geworden – wie sonst hätte er den Sonnengesang schreiben können. Er hat nur noch etwas Tieferes entdeckt und gefunden, wie der reiche Kaufmann im Evangelium die Perle, die schöner und kostbarer war als alles, was er bisher gekannt hatte. Es fällt auf, wie häufig Franz in seinen wenigen Schriften das Wort dulcedo verwendet, was zumeist mit Süßigkeit übersetzt wird. Vielleicht sollte man zutreffender von Zärtlichkeit sprechen: von seiner Zärtlichkeit im Umgang mit allen Kreaturen, seiner Zärtlichkeit zu den Menschen, den Armen und Aussätzigen besonders, seiner Zärtlichkeit zum gekreuzigten Jesus. In ihm, dem Aussätzigen am Kreuz, hat er den „Abgrund der göttlichen Güte" erfahren, die grundlose und maßlose Liebe eines Gottes, der im Abstieg zu den Letzten das Verlorene sucht, die Niedergetretenen aufhebt und das Unansehnliche wertvoll und schön macht. Und eben dies ist es wohl, was der allerhöchste Gott ihn gelehrt und worin Franziskus mit vollem Herzen eingestimmt hatte: daß nichts getrennt ist von dieser Liebe und in ihr sich alles verändert.

Dieser Gedanke ist so tief und gewinnend, daß sich wohl keiner ihm ganz entziehen kann. Geld macht nicht glücklich, sagen ja auch wir zuweilen mit ehrlichem Seufzen, aber – Bürger, die wir nun einmal sind und bleiben möchten – fügen wir sogleich blinzelnd hinzu, es trägt zum Glück bei. Ein Heide würde rundheraus sagen: Ja, das Geld macht mich glücklich. Wir aber reden von Gott und hängen am Geld. Von den Schwaben geht das böse Wort um, daß bei ihnen das Sparkassenbuch mit dem Gesangbuch in derselben Schublade liegt. Und ebenso sagen wir: Armut ist keine Schande, aber wir glauben es nicht. Wohlstand ist vielmehr so ausnahmslos unsere Pflicht, daß einer schon unmittelbar vor der Verzweiflung stehen muß, ehe er zugibt, daß es ihm schlecht geht. Erfolg beherrscht so sehr unser Leben, daß wir ihm alles andere opfern und ihn mit der Verhärtung des Herzens bezahlen. Den empörenden Widersinn, vor dem jedes Kind noch erschrickt, daß die einen mit Gütern gesegnet sind und die andern geboren werden tief unten im Elend, nehmen wir hin. Und was vielleicht noch schwerer wiegt als die Vergeßlichkeit dieses Unrechts, ist die Verachtung, die wir den Elenden zufügen. Blaß und schweigend erwarten wir, schreibt ein südamerikanischer Dichter, daß man an unsere Tür klopft. Die Nachbarn grüßen uns nicht, kaum jemand scheint uns zu kennen. Es ist, als existierten wir nicht.

Und dennoch dämmert uns allen, daß wir auf diesem Weg unser Leben verfehlen. Daß das bürgerliche Zeitalter, an dessen Anfang Franziskus seine Alternative versuchte, an sein Ende gelangt ist. Daß das Unrecht, das wir gegenüber den Armen aufhäufen, als Bedrohung auf uns selber zurückfällt. Daß unsere Einstellung zur Welt die Schöpfung, das Haus unseres Daseins, zerstört hat. Daß der menschliche Preis, den wir für unsere Ziele bezahlen, womöglich zu hoch ist. Daß wir die Empfänglichkeit für das Dasein verloren und das Glück der Brüderlichkeit nicht mehr kennen. In einem Anflug von melancholischer Schwermut scheinen das sogar die Wohlhabenden und Erfolgreichen zuweilen zu spüren. Warum sonst geht der Jüngling des Evangeliums traurig von dannen? Er besitzt doch ein großes Vermögen, er hat eigentlich alles – warum freut er sich nicht?

Zünd

20. Über das Fragen im Glauben

Eph 3,16–21; Joh 6,66–69

Es gibt Christen, und wer weiß, ob wir nicht zu ihnen gehören, die verlieren ihren Glauben ebenso beiläufig, wie sie alte Anzüge ablegen. Oft genügt es z.B., daß sie aus einer katholisch-ländlichen Gegend in eine städtische verpflanzt werden, und schon bald ist die ganze fromme Vergangenheit vergessen. Wie sie früher mit Selbstverständlichkeit gläubig waren, kommen sie jetzt davon ab, kaum daß sie es merken. Und insofern ist der Ausdruck „den Glauben verlieren" eigentlich noch viel zu dramatisch. Denn wenn einer seinen Geldbeutel oder Schlüsselbund verliert, ist das wenigstens noch mit Aufregungen verbunden, während hier der Verlust des Glaubens nicht einmal mehr gespürt wird. In Wirklichkeit tritt jetzt auch nur offen zutage, was eigentlich schon lange der Fall war: daß sich das ganze Gläubigsein nämlich in Äußerlichkeiten erschöpfte, die den Menschen selbst und sein wirkliches Leben niemals ernsthaft berührten.

In der Regel hatten es solche Christen mit ihrem Glauben nicht einmal schwer. Schon als Kinder waren sie brav genug, sich mit dem lieben Gott bekanntmachen zu lassen. Sie lernten Händchenfalten und Köpfchensenken ebenso mühelos wie nicht im Dreck zu spielen und nicht in der Nase zu bohren. Und als sie dann größer wurden und erwachsen sein mußten, machten sie es wieder so, wie die meisten es machen. Einerseits legen sie Wert auf ihr Christsein, denn das gilt in unserer Gesellschaft immer noch etwas und kann zuweilen sogar Vorteile bringen; und dann lebt es sich ja auch wohler, für alles Gottes Segen zu haben und nachts behütet schlafen zu können. Zugleich jedoch möchten sie unbehindert im Leben mitspielen und sich wie alle dem Erwerb und Vergnügen hingeben. Die Lösung besteht darin, die sogenannten vernünftigen Bereiche des Lebens fein säuberlich vom Glauben zu trennen. Eine in der Tat vorteilhafte Lösung, denn zwei Fliegen werden da mit einer Klappe geschlagen: so wenig wie der Glaube das Leben stört, so wenig gefährdet das Leben den Glauben. Nur so, aufgrund dieser Spaltung, läßt sich verstehen, daß Erwachsene gedankenlos Kindergebete aufsagen und in puncto Glauben noch Vorstellungen anhängen, die zu dem, was sie sonst erfahren haben und wissen, schon längst nicht mehr passen. Nur so ist verständlich, daß sie ohne Schwierigkeiten nachsprechen, was immer ihnen zu glauben vorgesetzt wird: ohne Schwierigkeiten nämlich nur deshalb, weil sie es sich im Grunde gar nichts angehen lassen und niemals auf ihr wirkliches Leben beziehen. Daß dann häufig schon ein paar äußere Veränderungen genügen und nur die gewohnten Stützen und Kontrollen wegfallen brauchen, um diesen Glauben wie ein Kartenhaus umkippen zu lassen, ist freilich ebenso verständlich.

Viele verlieren also den Glauben, weil sie den *eigenen* Glauben *nie fanden.* Denn ob sie nun glauben oder nicht: immer richten sie sich nach den *andern.* Statt selber zu fragen, was wahr ist und gelten soll, lassen sie andere entscheiden. Sie *werden* mehr gelebt als daß sie selbst leben, denn was sie ihr Leben nennen, zerfällt in die Rollen, die man jeweils von ihnen erwartet. So mögen sie wohl mancherlei Probleme und Konflikte vermeiden – ob sie glücklich sind, muß dahingestellt bleiben. Menschlicher wäre es ohne Zweifel, über sich selber auch selbst zu bestimmen. Zu bedenken, was man selber erfährt und erlebt, und zu leben, was man selber erkennt. Allerdings wird, wer das mit vollem Ernst versucht, es schwerer haben, schwerer auch mit dem Glauben. Denn gerade bei diesem Versuch, Bewußtsein und Leben in Einklang zu bringen und Übereinstimmung mit sich selber zu finden, entstehen ja alle die Fragen, die dann ein Leben lang dauern. In einer Zeit, die sich ohne Gott eingerichtet hat oder den Glauben sogar als schädlich betrachtet –, in und mit einer Kirche, die mit allzuviel Vergangenheit beladen nur mühsam ihren Weg in die Gegenwart findet –, dazu vielfach noch alleingelassen von denen, die sich selber als Christen bezeichnen: unter solchen Bedingungen den eigenen Glauben zu finden und ihn zu vertreten, einen Glauben also, der angeeignet, verstanden und gelebt ist, das bedeutet in der Tat nicht weniger, als sich auf einen lebenslangen Weg zu begeben, der geradezu gepflastert ist mit Problemen, die mehr noch

als irgendwann früher alle Kraft des Kopfes und des Herzens verlangen.
Alleingelassen von denen, die sich als Gläubige bezeichnen! Schon Kinder sind irritiert, wenn sie ohne ihre Eltern zur Kirche gehen müssen; sie leiden unter dem Streit von Vater und Mutter und verstehen nicht, warum sie selbst eigentlich verträglich sein sollen. Jugendliche beginnen, nach ihrem Glauben zu fragen, und müssen entdecken, daß die Erwachsenen darüber gar nicht nachgedacht haben. Und – erst einmal kritisch geworden – durchschauen sie immer klarer, was sonst noch alles widersprüchlich und faul ist. Und wie viele reiben sich wund an den Widersprüchen der Kirche, es sind ja keineswegs nur die Böswilligen, die Anstoß an ihr nehmen: an der Zerstrittenheit ihrer Gruppen, obwohl sie Versöhnung verkündet; an ihrem Besitz, obwohl sie Zeichen der Armut sein sollte; an der Herrschsucht derjenigen, die sich selbst gern als Diener bezeichnen; an ihrer Unfähigkeit, Irrtümer und Versagen einzugestehen; an ihrer Verständnislosigkeit für die veränderten Erfahrungen der Menschen und ihrer Härte gegenüber ihren Nöten ... Und wie viele der Zeitgenossen schließlich, die wir bereits zu den Ungläubigen rechnen, mögen sich zu irgendeinem Zeitpunkt ihres Lebens doch einmal uns Christen angenähert haben, heimlich vielleicht und versteckt oder auch mit einem Schimpfwort auf ihren Lippen. Aber dahinter hat vielleicht eine Frage gestanden: ob nicht doch etwas daran sei an unserem Glauben, etwas, das auch für sie Bedeutung haben könnte. Und dann sind sie wieder gegangen. Es war zu wenig, was sie fanden, und wir selber waren vielleicht nicht einmal fähig, überhaupt ihre Fragen zu spüren ...
Im Stich gelassen von denen, von denen man Hilfe erwartet – für viele wird dadurch noch schwerer, was ohnehin schwierig genug ist. Denn dies ist ja keineswegs mehr selbstverständlich – zu glauben. Das allgemeine Gefühl, daß Gott tot ist, und die Entschlossenheit der Menschen, ihre Welt ohne ihn zu gestalten – das hat als Grundstimmung unsere Erfahrungen und Einstellungen so weitgehend durchdrungen, daß kaum jemand, auch der Gläubige nicht, noch ganz frei davon ist. „Ich habe Gott noch nie gesehen und weiß gar nicht, ob es ihn überhaupt gibt. Für mich hat nur

mein Meister Bedeutung. Wenn der mich rausschmeißt, kommt auch der liebe Gott nicht und stellt mich wieder ein" – so sagt es der Lehrling. Und der Forscher erklärt: „Der Erfolg unserer Wissenschaft beruht eben darauf, daß wir alles so betrachten, als ob es Gott nicht gäbe." Der Bau einer Brücke hängt an der Güte des Materials und den Berechnungen der Ingenieure, und auch der Arzt betet nicht, sondern spritzt oder verschreibt Medikamente. Die Wirtschaft ist nicht nach den Geboten der Bergpredigt, sondern denen des Marktes organisiert. Für die weitergehenden Wünsche gibt es Freizeit und Unterhaltungsindustrien, nur für den Glauben scheint keine Nachfrage mehr vorhanden. Nicht nur als überflüssig wird er betrachtet, sondern häufig sogar als schädlich verdächtigt. Ob er nicht nur aus kindlicher Angst und falschem Schuldgefühl stamme, fragen manche Psychologen. Ob er nicht nur ein Mittel der Vertröstung sei und Unrechtsverhältnisse stabilisiere, fragen die alten und neuen Marxisten. Ob er nicht zu gering vom Menschen selbst denke, fragen die engagierten Humanisten. Ob er nicht nur die Unfähigkeit verrate, die wirklichen Grenzen menschlichen Lebens ehrlich anzuerkennen, fragen zugleich diejenigen, die sich als Realisten einschätzen. Wer diese Zeitgenossen ernst nimmt und dennoch Christ bleiben möchte, muß also sehen, wie er solchen Anfragen standhält. Nicht nur muß er wissen, was ihm selber der Glaube bedeutet, sondern auch die vielen, die für ihn anscheinend keinen Sinn und kein Interesse mehr haben, können ihn nicht gleichgültig lassen. Und so wird er zum Nachdenken geradezu gezwungen: was dies denn nun eigentlich sei: menschliches Leben; und ob es gewinne, wenn einer glaube; und wie sich das erfahren und klarmachen lasse . . .

Dabei weiß er, daß ein Glaube, den Menschen selber erfinden und sich lediglich ausdenken würden, ihnen im Grunde nichts nützte, sondern alles daran hängt, daß wirklich Gott selbst sich geoffenbart hat. Wie aber läßt sich eine solche Behauptung begründen? Was früher einmal als Beweis zählte, ist heute ja zusammengebrochen. Wunder und Weissagungen werden kaum noch von jemandem als Argumente vertreten, und in der ganzen Bibel findet sich kein einziger Satz mehr, der nicht kritisch untersucht worden wäre. Was aber läßt sich dann über den Ursprung des Christentums überhaupt noch erkennen, und genügt es, um verantwortlich glauben zu können? Und ferner: Wenn es wahr ist, daß der Glaube vom Zeugnis der Tradition lebt – sagt diese Tradition denn auch die *Wahrheit* über Jesus? Und was *will* sie eigentlich sagen, wie ist das zu verstehen: Erbsünde, Jungfrauengeburt, Gottessohnschaft, Unfehlbarkeit? Was da in 2000 Jahren an Erkenntnissen aufgehäuft und als Dogma eingeschärft wurde, empfinden viele eher als Last statt als Hilfe. Was darf man ohne Schaden für den Glauben vergessen? Und wie kann man das, was bestehen bleiben muß, so formulieren, daß wir seine Bedeutung für das eigene, gegenwärtige Leben erfahren und einsehen können? Und wer entscheidet darüber: der Papst, die Bischöfe, die Theologen oder die einzelnen Gläubigen selber?

Es ist verständlich, daß manche Christen vor so vielen Fragen die Angst packt. So schimpfen sie auf die Theologen, als hätten diese die Schwierigkeiten, auf die sie Antworten suchen, böswillig erfunden. Oder sie rufen nach der kirchlichen Autorität, um ein klärendes Machtwort zu hören und eine Sicherheit wiederzufinden, der sie vielleicht schon selbst nicht mehr trauen. Lieber verzichten sie auf ihre Mündigkeit als Christen, als ihre heile Welt stören zu lassen. Sollen sich um die Schwierigkeiten doch die Fachleute kümmern, erklären sie, und allerdings ist es richtig, daß nicht alle Theologen sein können. Und dennoch: je lebendiger einer glaubt, desto mehr Fragen werden ihm kommen, und was gefragt ist, muß auch beantwortet werden, wenigstens so weit, als die Kräfte dazu reichen. Zu billig ist es deshalb, voreilig mit dem Geheimnis zu kommen, das eben nur geglaubt werden könne. Denn das Geheimnis verehrt keineswegs, wer auf alles Nachdenken verzichtet, sondern es anerkennt, weil er nachgedacht *hat.* Natürlich gibt es auch solche, die nur fragen, um Entscheidungen aufschieben zu können, nur kritisieren, um nicht dazugehören zu müssen, nur gelten lassen, was sich ausrechnen läßt, und schließlich alles, nur nicht den eigenen Zweifel bezweifeln. Aber von denen wollte ich nicht reden und auch Ihnen keine Angst, sondern Mut dazu machen, Ihren eigenen Glauben zu suchen und sich den unausweichlichen Fragen zu stellen.

Denn – noch einmal – Fragen gehören zum Glauben, weil es im Glauben um uns selbst geht: um *unsere* Erfahrung, *unser* Handeln, *unsere* Erkenntnis. In all dem können wir nur wachsen, wenn wir durch Krisen hindurchgehen. Und nur in ihnen wächst auch der Glaube. Fragen gehören zweitens zum Glauben, weil wir von ihm *Zeugnis* geben sollen. Einer Welt aber, deren Fragen wir nicht teilen und deren Problemen wir uns verweigern, werden wir kaum etwas ausrichten können. Drittens braucht uns auch unsere *Kirche,* denn nur in ihren Gläubigen ist sie lebendig. Damit sie dies aber bleibt und wieder wird, schulden wir ihr nicht so sehr Gehorsam als vielmehr unser Denken: unsere Einsichten wie unsere Kritik. Fragen entstehen viertens schon wegen der langen *Geschichte* des Glaubens. Denn was früher einmal als wahr galt, kann Wahrheit doch nur bleiben, wenn wir es prüfen, von neuem entdecken und bewährt finden an uns selber. Fünftens stellt uns *Jesus* vor Fragen. An ihm, der Gott offenbarte, haben sich die Zeitgenossen immerhin geärgert. Wie von den Zwölf im Evangelium verlangt er deshalb auch von uns die persönliche Entscheidung. Und dazu müßte es gehören, wie Petrus sagen zu können, daß wir *wissen,* wem wir glauben. Mit unseren Fragen zu Ende jedoch kommen wir niemals, weil es – sechstens – im Glauben um *Gott selbst* geht. Ist Gott Grund und Ziel unseres Lebens, dann ist er auch Thema unseres Lebens und wird es wohl unser Leben lang bleiben.

Ich habe nun vor allem von Schwierigkeiten gesprochen. Und so ist es wohl in der Regel: an Schwierigkeiten entzündet sich das Denken. Trotzdem ist das nur die Hälfte der Wahrheit. Denn auch *glückliche* Erfahrungen geben ja zu denken. Wer einen Menschen liebgewonnen hat, ist ständig mit ihm beschäftigt, möchte ihn immer besser verstehen. Ebenso ist Gott uns begegnet: in einem Menschen und als Liebe zu uns Menschen. Wenn wir davon wirklich angetan und – wie die Lesung sagt – erfüllt sind, dann lieben ja auch wir ihn: mit ganzem Herzen, in allem Denken und aus all unseren Kräften. Und das ist nicht nur ein Gebot und nicht *nur* etwas Schweres, sondern viel mehr noch etwas Erfreuliches und etwas Schönes.

21. Menschsein – Christsein

„Menschsein – Christsein" lautet das Thema, über das wir nachdenken wollen. Dabei ist noch offengelassen, wie beide, Christ- und Menschsein, miteinander verbunden sein sollen. Soll es einfaches äußerliches „Und" sein? Das wäre das Einfachste, aber wohl auch das Nichtssagendste. Denn wenn wir nicht klären, was beide sind und miteinander zu tun haben, würde es nur dabei bleiben, daß wir weiterhin – so wie es als normal gilt – Menschen sein wollen und außerdem auch noch – ebenfalls wie wir's gewohnt sind – unser Christentum praktizieren, schiedlich-friedlich nebeneinander, ohne uns weiter Gedanken zu machen. Wäre es deshalb nicht richtiger, auf Entschiedenheit zu drängen, ein schroffes „Oder" auszusprechen und beide zu trennen? So tun es ja zahlreiche Zeitgenossen, die das Christentum leid sind, die es abschütteln, weil sie es als hinderlich empfinden, um unbefangen ihren Weg als Menschen zu gehen. Ehe wir ihnen mit Forderungen oder gar Drohungen kommen, sollten wir besonnen genug sein, auf ihre Erfahrungen und Argumente zu hören. Dies aber tun (auf der anderen Seite) gerade *die* Christen nicht, die so sehr auf die Reinheit ihres überkommenen Glaubens bedacht sind, daß sie ihn ihrerseits von allem Menschlichen lösen. *Sie* vergessen, daß der Glaube für *alle* Menschen bestimmt ist, daß er sie also in ihrer gegenwärtigen Wirklichkeit aufsuchen und erreichen und ihnen als menschlicher Gewinn einleuchten soll. Wäre es demnach am zutreffendsten, das Gleichheitszeichen zu wählen: Christsein = Menschsein? In der Tat: wenn wir glauben, daß Jesus der wahre Mensch ist, der Weg zur Wahrheit unseres Lebens, haben wir wohl Grund dazu. Nur dürfen wir dabei nicht übersehen, daß es ein *besonderer* Mensch ist, an den wir uns erinnern und an dem wir unser Menschsein orientieren. Vergessen wir dies und vergessen wir ihn, hätten wir als Christen den Menschen am Ende kaum mehr noch zu sagen, als was sie schließlich sich auch selbst sagen könnten. Und doch: so eindeutig unser Glaube daran hängt, daß uns die Wahrheit unseres Lebens gesagt *wird* und wir sie uns sagen *lassen* müssen, dürfen wir zugleich doch die Zuversicht haben, daß alle Menschen für sie geschaffen und also für sie ansprechbar sind. Daß sie von sich aus so gewinnend und freimachend ist, daß jeder ihr aus freier Überzeugung zustimmen kann: eben weil er erfährt, daß sie ein Leben ermöglicht, das mehr als jedes andere den Namen „menschlich" verdient.

Darauf also käme es an: daß wir unser Menschsein *gläubig* und unseren Glauben *menschlich* verstehen, denn nur dann können wir ihn einladend unter unseren Mitmenschen leben. Doch ehe wir darauf eingehen, ist eine Warnung notwendig. Zu lange nämlich haben Christen den Glauben vom Leben, das Jenseits vom Diesseits, Gott selber vom Menschen getrennt, als daß wir jetzt den Mund zu voll nehmen dürften. Viele *trauen* uns einfach nicht mehr, wenn wir das Christsein als wahres Menschsein anbieten. Sie halten uns unsere Geschichte entgegen, in der Christen den Menschen kleingemacht haben, damit Gott um so größer erscheine. In der Gott so sehr als oberster Gesetzgeber und Richter eingeschärft wurde, daß er die Menschen bedrückte, ihre Freiheit einschüchterte, ihre Spontaneität und Phantasie lähmte und alle unbefangene Lust am Leben verdarb. Und wie vielen ist mit dem Glauben immer nur Angst gemacht worden! War es da nicht natürlich, daß sie sich schließlich gegen den Glauben empörten, eben im Namen des Menschen empörten, im Namen seiner Freiheit und Selbstverantwortung und der Schönheit des irdischen Lebens? Haben die Christen nicht tatsächlich immer wieder die Welt geflohen, statt sie freundlicher zu machen? Die festgeschriebenen Gebote ängstlich erfüllen, um Gott nicht zu verärgern und nicht den ewigen Lohn zu verscherzen – das war ihre ganze christliche Praxis. In erschreckender Teilnahmslosigkeit haben sie nach getaner Christenpflicht das Schicksal der Welt sich selbst überlassen. Sie haben sich mehr Gedanken über das Freitagsgebot als über Welternährungsprobleme gemacht. Mit dem Seufzen der Ohnmacht, der Faulheit und des heimlichen Hochmuts haben sie festgestellt, daß die Welt sich entchristlicht – und sich dennoch mit der Rolle des Zuschauers begnügt. Es waren doch christliche Länder, in denen der Gottesdienst pünktlich stattfand und es zugleich Leibeigenschaft, Kinderarbeit und Lohndiktat gab. Christliche Länder sind es auch heute, die den Reichtum der Erde verzehren. Und wie oft wurde und wird immer noch der Trost des Jenseits bemüht, um Ausgebeutete still und gefügig zu halten. Hatten die Kritiker des Christentums nicht recht, wenn sie diesen Trost mit Verachtung bestraften?

Und mußte nicht allein schon die Finsternis der Frommen abstoßend wirken? „Lieber Gott, mach die bösen Menschen gut und die guten etwas netter“, hat ein Witzbold einmal gebetet. Schärfere Worte hat Nietzsche gefunden: „Wer ihnen nahe lebt, der lebt schwarzen Teichen nahe, aus denen heraus die Unke ihr Lied mit dunklem Tiefsinne singt. Bessere Lieder müßten sie mir singen, daß ich an ihren Erlöser glauben lerne; erlöster müßten mir seine Jünger aussehen.“ *Warum* aber wirkte der Glaube der Christen so grimmig, ihre Moral so gequält? Außenstehende sehen dies deutlich. Ihr Christen – so sagen sie uns – schielt wie alle anderen nach den Freuden des Lebens wie der Fuchs nach den Trauben; aber ihr nennt sie zu sauer, weil ihr Gott nicht beleidigen dürft; und so vergällt ihr wie Zukurzgekommene euch und anderen das Leben. Je schlechter ihr es macht, desto mehr glaubt ihr Gott zu gefallen. Die Farben der Welt versinken in Grau, wenn ihr sie anblickt, weil ihr in allem nur die Vergänglichkeit seht. Überall wittert ihr Verführung zum Bösen, und wenn ihr sinnliche Lust gespürt habt, bekommt ihr ein schlechtes Gewissen. Eure Leidenschaftslosigkeit nennt ihr Weisheit, den bösen Blick, mit dem ihr andere anschaut und richtet, haltet ihr für Tugend. Wie hart und stumpf hat euch doch euer Glaubenseifer gemacht. „Weil sie den Mut nicht haben, von der Welt zu sein, glauben sie Gottes zu sein“, hat Charles Péguy diese Christen beschrieben: „Weil sie nicht den Menschen gehören, glauben sie Gott zu gehören. Aber“, so fügt er hinzu, „Jesus Christus gehört zu den Menschen.“

Dies also ist die Warnung, die ich aussprechen wollte: Jesus Christus gehört zu den Menschen. Er war froh darüber, daß Gott seine Sonne über Guten und Bösen aufgehen läßt. Er hat religiöse Gebote und Grenzen gering geachtet und übertreten, um ihnen *allen*

nahezukommen. Nichts, was menschlich ist, war ihm fremd. Er hat ihre Feste gefeiert und mit denen, die traurig waren, geweint. Er hat seine Freunde geliebt, aber sich auch um die Häßlichen, Kranken und Übersehenen gekümmert. Noch im Sünder hat er dessen Unglück gespürt und, indem er ihn freundlich ansah, das Gute in ihm geweckt. Und nur so, als Mensch unter Menschen, hat er gezeigt, wer Gott ist: ein Gott der Menschen, ein menschlicher Gott. Für uns aber heißt das: nur wenn uns alles, was Menschen bewegt, nicht gleichgültig ist, nur wenn wir selber empfänglich bleiben für das, was ihnen gut oder auch weh tut, wenn wir also eben wie Menschen zu wünschen und zu lieben und dann auch zu leiden verstehen, nur wenn wir neidlos anzuerkennen vermögen, was ihnen Gutes gelingt, und zum Mitarbeiten bereit sind, ohne gleich unser christliches Vereinsschild zu zeigen, nur wenn das Unrecht, das anderen geschieht, uns selbst unmittelbar empört, aber auch nur, wenn wir auf jedes Urteil über einen Menschen verzichten und ganz gewiß damit rechnen, daß er wertvoll und zur Liebe bestimmt ist – nur dann und nur so kann es gelingen, das mitzuteilen und allererst selbst zu erfahren, was durch Jesus Christus in unser Leben getreten und allem Menschsein zugedacht ist.
Und erst wenn dies klar ist, ist auch von dem Besonderen des Christseins zu reden, von etwas Besonderem freilich, das dem Menschsein nicht äußerlich angefügt wird, sondern ihm seine größten Möglichkeiten eröffnet und ihm deshalb, wenn die Situation dafür da ist, gesagt werden *muß*. Vorausgesetzt ist dafür nur, daß es zum Menschen gehört, sein Leben nicht nur einfach zu leben, sondern zugleich nach ihm zu fragen: nach dem Ganzen, dem Sinn seines Lebens zu fragen. Daß er aber zugleich unfähig ist, die Antwort, die auf *diese* Frage genügte, sich selber zu geben. Natürlich kann ein Leben lange Zeit ohne diese Frage dahingehen, durchaus zufrieden und glücklich. Erst wenn uns etwas aus der gewohnten Bahn wirft, wenn eine Liebe scheitert, eine Freundschaft kaputt geht, ein Unternehmen, an das wir unser Herz gehängt haben, mißlingt, erst dann zumeist wird sie bewußt und ausdrücklich gestellt: Wozu das Ganze, was lohnt und rechtfertigt eigentlich dies Dasein, was hat mich getragen, was trägt

überhaupt? Natürlich kann man auch dann noch solche Fragen ablehnen, kann sagen: Ich bin nun mal da, was bleibt mir, als daraus das Beste zu machen? Ich will mich auf meine Möglichkeiten beschränken und verantwortlich mit ihnen umgehen. Man kann tapfer sein und seine alltägliche Last übernehmen. Man kann das Glück, das sich immerhin einstellt, ergreifen. Man kann in der Rolle, welche die Umwelt uns zuschreibt, aufgehen. Oder sich auch, wenigstens im stillen, an die Parole halten: Iß und trink und sei fröhlich, denn morgen bist du tot. Und doch, auch dann noch gibt es Anzeichen dafür, daß sich jene Frage nach dem Ganzen so leicht nicht wegschieben läßt, sondern uns immer, wenn auch nur unbewußt, beschäftigt. Daß wir dann eben vom *Einzelnen alles* erwarten. Daß wir versuchen, uns unser Glück zu erzwingen, obwohl wir ahnen, daß wir uns damit übernehmen und auf einem unmöglichen Weg sind. Warum wirkt unser Vergnügen häufig so angestrengt, unsere Fröhlichkeit übertrieben, unser ganzes Bemühen so verbissen? Warum macht der Ehrgeiz so viele regelrecht krank? Warum quälen Menschen andere, die ihnen nahestehen, durch ihren andauernden Mißmut? Warum überfordern sie sich so leicht gegenseitig und rechnen sich dann bitter ihre Enttäuschungen auf? Woher diese seltsame Traurigkeit und Leere gerade dann, wenn ein langerstrebtes Ziel endlich erreicht ist? Warum die sinnlose Anhäufung von Sachen und der ständige Zwang, andere übertrumpfen zu müssen, sich zur Geltung zu bringen und Macht zu verschaffen? Warum sonst, als weil uns noch fehlt, was unser Leben erfüllen und rechtfertigen könnte. Weil wir nur Menschen sind, Menschen jedoch, die über ihre Gegenwart immer hinausfragen können und eben deshalb sich so leicht verfehlen, häßlich und unmenschlich werden können und dann sich selbst und das Glück anderer zerstören: eben weil sie *mehr* als nur Menschen sein wollen.

Was also orientiert uns, was trägt uns? Ist der Mensch eine Fehlkonstruktion, getrieben von Wünschen, die doch nie erfüllt werden können? Die Antwort des Evangeliums, das Jesus unter Menschen gelebt hat, steht dem entgegen: Wir *sind* gerechtfertigt, wir *werden* getragen. In allem, was Jesus verkündet und getan hat, wird gerade dies eine deutlich: daß Gott selber jeden Menschen, wirklich jeden erwählt hat und annimmt, ohne Vorleistung, ohne Bedingung. Und ebenso ist an diesem Menschen, den Gott nicht im Tod ließ, für alle sichtbar geworden, daß auf Gottes Zusage Verlaß ist und wir Zuversicht haben können. Gott selbst hat uns gewählt, als Söhne und Freie, wie Paulus beteuert, und seine Zusage gilt. Alles, was sonst zählt, soll im Ernst nicht mehr gelten. Von dieser Zusage dürfen wir schon ausgehen und mit ihr in jedem Augenblick rechnen und deshalb uns selbst, jeden Menschen und alles mit neuen Augen ansehen. Dazu hat uns Gott selber berechtigt, indem er als Mensch auf uns zukam. Das Ja, das er zu uns gesagt hat, sich zuerst einmal gefallen zu lassen und dann mit ihm zu leben, das ist – auf die kürzeste Formel gebracht – der Weg, auf dem Christen versuchen, menschlich zu werden. Erlauben Sie mir, dies an vier Punkten noch etwas deutlicher zu machen.

Der erste betrifft die Art, *wie Menschen mit sich selber umgehen.* Denn für viele ist die Schwierigkeit, sich selbst anzunehmen, das Grundproblem ihres Lebens. Nicht immer liegt das nur an der Unfreundlichkeit der anderen, die uns die lebensnotwendige Anerkennung versagen, nicht immer nur an der Grausamkeit der Gesellschaft, die uns Rollen und Forderungen aufzwingt, sondern zugleich auch an dem abgründigen Zweifel, der in uns selber an uns selbst nagt. Stellt für viele nicht alles, was sie arbeiten und erzählen, nur eine einzige Anstrengung dar, den Wert ihres Daseins vor sich selbst und anderen zu beweisen? Und doch können sie nicht hindern, daß sie weniger tüchtig, weniger liebenswert und schön sind, als sie wohl möchten. Je verbissener ihr Bemühen, umso größer ihr Unglück: nicht nur, weil sie sich unbarmherzig ständig selbst überfordern und quälen, sondern auch, weil sich der Erfolg *so* eben nicht einstellen *kann:* denn jeder merkt ihre Absicht und findet sie häßlich. Immer tiefer verstricken sie sich in einen schmerzlichen Hader gegen sich selbst und das Leben. Das also wäre das Erste und Schwerste, wozu das Evangelium einlädt: im Vertrauen darauf, daß wir wertvoll und von Gott selber geliebt sind, mit uns selbst gut und einverstanden zu sein. Das Schwerste: weil sich lieben zu lassen und an Liebe zu glauben noch schwerer sein kann als selber zu lieben. Das Erste: weil wir nur dann, wenn wir die bangen Zweifel an uns selber vergessen und mit uns versöhnt sind, uns auch für andere öffnen und sie annehmen können und wohl auch nur so schöpferisch leben und sachgerecht arbeiten können.

Das zweite betrifft die Art, *wie Menschen miteinander Liebe versuchen.* Denn auch und gerade ihr kommt der Glaube zugute. Nicht als ob christliche Liebe etwas ganz anderes wäre als menschliche Liebe sonst. Das Gefallen am anderen, Verstehen und Sympathie, der Zauber des Erotischen und das Verlangen der Geschlechter, die Zärtlichkeit des Verliebtseins und die Vertrautheit des Umgangs – das alles gehört dazu (und ein guter Christ ist keineswegs, wer ein verkümmerter Mensch ist). Und doch will Liebe, wo sie ernst gemeint ist, mehr. Denn sie will *unbedingt* sein, und eben dies macht ihr Glück und ihre Not aus, daß es uns in allem, was wir in ihr tun und erfahren, um den anderen und um uns *selbst* geht. Dann aber meinen wir ja immer mehr, als wir jemals verwirklichen, wünschen wir mehr, als wir jemals erfahren – es sei denn, wir glaubten bei allem, daß die Liebe schon da ist. Wo immer Menschen Liebe versuchen, beginnen sie tatsächlich mehr, als sie in der Wirklichkeit eines Lebens vollenden, versprechen sie mehr, als sie je ganz einlösen können. Und doch können sie ohne Angst sein, *können* unbedingte Liebe anfangen, dann nämlich, wenn sie ihrer Wirklichkeit glauben und der Verheißung, die sie birgt, trauen. Dies aber können sie, weil Gott selbst für sie einsteht. Und ist es nicht so, daß Liebe nur dort, wo sie so zuversichtlich und bedingungslos anfängt, dann auch tatsächlich glückt? Denn dann ist die lähmende Furcht, nicht genug lieben zu können, ja überwunden, dann werden beide nichts mit Mißtrauen und Überforderung zerstören, dann werden sie zum anderen stehen, auch wenn sie seine Grenzen erfahren, und ihm nie vorwerfen, daß er auch nur ein Mensch ist. Weil sie schon voraussetzen dürfen, womit sie beginnen, werden sie einander jeden Tag ermutigen und das Schönste, was Menschen möglich ist, miteinander verwirklichen können.

Das dritte Beispiel betrifft das *Verhältnis der Eltern zu ihren Kindern.* Denn sehen Sie, nirgends ist die Gefahr ja so groß, daß wir unser ungelöstes Lebensproblem anderen auflasten, wie eben bei abhängigen Kindern. Da werden sie zu Ausstellungsstücken gemacht, mit denen Erwachsene sich schmücken; Eltern verlangen Leistungen von ihnen, die sie selber nie brachten, fesseln sie als Ersatz für mißlungene Liebe an sich, zwingen ihnen sich selbst und ihre Vorstellungen auf, aus übertriebener Sorge oder auch, um sich endlich bestätigt zu sehen. Im Glauben jedoch erkennen sie an, daß das Kind sein eigenes Recht hat. Weil Gott selbst für sie und für ihr Kind einsteht, können sie verantwortlich sein ohne Selbstüberschätzung. Sie müssen nicht selbst für es Gott sein, wohl aber dürfen sie zu ihm von Gott sprechen und ihm seine Güte mitteilen. Sie brauchen es nicht erst gut zu machen, sondern das Gute nur zu wecken und hervortreten zu lassen. Sie werden mit seinem eigenen Weg rechnen, dankbar sein für das, was sie auch von ihm lernen, und sogar Schuld zugeben können. Und keine Situation muß es geben, wo sie meinen, an sich selbst oder ihren Kindern verzweifeln zu müssen. Wenn wir wirklich glauben, daß Gott dem Versprechen, das jedes menschliche Dasein bedeutet, treu ist, dann können wir es lernen und wagen, nur Menschen zu sein und doch Verantwortung füreinander zu tragen.

Der letzte Punkt betrifft den *Beitrag der Christen für eine menschliche Welt.* Es gibt ja so viel offenkundiges Unrecht, so eindeutige Unterdrückung, daß ein Glaube, der sich hier nicht bewährt, nur beweist, wie belanglos er in menschlicher Hinsicht und damit überhaupt ist. Wenn Menschsein heißt, wie Exupéry einmal sagte, beim Anblick einer Not sich zu schämen – dann gilt dies erst recht für das Christsein. Denn wer sich auf Jesus beruft, ohne beunruhigt zu sein angesichts der vielen, die vergessen sind, schändlich behandelt, notdürftig versorgt, kaum gebildet, erbärmlich untergebracht – der weiß in der Tat nicht, wovon er redet. Als Mutter Teresa gefragt wurde, warum sie in Kalkutta eigentlich noch zu den hoffnungslos Dahinsiechenden gehe, gab sie zur Antwort: um ihnen das Gefühl zu geben, daß sie erwünscht sind. Entschiedener und genauer kann man das Evangelium wohl kaum verstehen. Doch will ich mich jetzt noch auf die Hinweise beschränken, die sich aus seiner Grundaussage, daß Gott für uns einsteht, direkt ergeben. Wenn die Christen dies nämlich im Ernst glaubten und als Sinn ihres Lebens erfahren, dann müßten sie als erste heute fähig sein, das ziel- und hemmungslose Wachstum als abergläubisches Idol, als verfehlten Weg menschlicher Selbstverwirklichung zu durchschauen und den neuen Lebensstil einzuüben, der schon jetzt notwendig ist, wenn die Weltprobleme überhaupt noch gelöst werden sollen. Und ferner: wenn sie wirklich an Jesus gesehen und erkannt haben, wozu der Mensch berufen und bestimmt ist, dann müßten sie mehr noch als andere die Beleidigung derjenigen empfinden, die – wie Sklaven gehalten und wie Objekte zerschlissen – ohne Ahnung ihrer Freiheit und Würde dahinvegetieren. Müßten die ersten sein, die im Namen der sprachlosen und beschädigten Menschen ihre Stimme erheben, die ersten aber auch, die sich nicht mit Anklagen gegen Dritte begnügen, sondern zu handeln *anfangen* können. Und je gläubiger das geschähe, desto mehr könnte dies Handeln geschützt sein, selber unmenschlich zu werden, bei aller Entschiedenheit doch geschützt vor Selbstanmaßung, menschlicher Verurteilung und auch vor Gewalt. Denn solange es eben geht, werden sie darauf bauen, daß ihre Zeitgenossen, auch die Zyniker der Macht und die im Besitzen Verhärteten unter ihnen, vernünftigen Argumenten und menschlichem Empfinden doch noch zugänglich sind. Weil sie um sich selber nicht fürchten, werden sie lieber das Eigene aufs Spiel setzen, als zum bestehenden Unrecht neues zu fügen. Ungeduldig und geduldig zugleich werden sie ihr Menschenmögliches tun. Ungeduldig, solange – wie Paulus sagt – die geschundene Schöpfung noch stöhnt und die Verheißung noch aussteht. Und doch geduldig, weil sie im Glauben, daß Gott seiner Welt treu ist, dem Anschein der Vergeblichkeit widerstehen und deshalb *weder* verzweifelt den Weg der Gewalt wählen *noch* wie die Resignierten sich um gar nichts mehr kümmern. Denn noch ist offene Zeit, und Gottes menschliche Zusage gilt. Deshalb können wir hoffen, also noch leiden, können arbeiten und lieben. Können Ja dazu sagen, nur Menschen zu sein, und damit anfangen, menschlich zu werden.

22. Über die Tugend, Erwartungen zu haben, und die Kunst, Ansprüche zu stellen

Wir leben, so bekommt man immer wieder zu hören, in einer Zeit, wo die Ansprüche maßlos hochgetrieben sind und sich ständig noch steigern: Ansprüche auf Freizeit, auf Lohn, auf Sicherheit, auf Lebensstandard. Die Nachdenklichen unter uns rufen uns zur Besinnung: wir müßten einen neuen Lebensstil finden, wenn die Zukunft der Menschheit nicht zerstört werden soll. Und zu Recht wird namentlich von den Christen erwartet, daß sie ein Beispiel geben und neue Wege einschlagen.

Es stimmt allerdings, daß es dringend an der Zeit ist, zum Umdenken zu mahnen. Trotzdem möchte ich *davon* heute nicht reden. Ich möchte vielmehr – und zwar, um überhaupt etwas zu sagen, mit entschiedener Einseitigkeit – von unserer Anspruchs*losigkeit* sprechen, die sich ebenfalls ausbreitet und vielleicht ebenso schlimm ist. Es scheint da sogar einen Zusammenhang zu geben: Mit dem Anwachsen der Ansprüche auf Komfort und Lebensstandard ist ein Sinken der Ansprüche in unseren menschlichen Beziehungen und an unsere menschlichen Beziehungen verbunden. Kundendienst und Weihnachtszulage, Qualitätsware und Auslandsurlaub sind selbstverständlich, aber *menschliche* Erwartungen, Erwartungen an Offenheit, Urteil, Hilfe, Trost oder Widerspruch sind nicht gefragt, das wäre zuviel verlangt, zuviel zugemutet. Derselbe Unternehmer, der laut Zeitungsannonce „rückhaltlosen Einsatz“ seiner Mitarbeiter fordert, stellt zuhause keine Ansprüche, die über erlesenen Komfort und: Laß mich in Ruhe! hinausgehen. Hochgespannte Ansprüche und verblüffende Anspruchslosigkeit gehen Hand in Hand.

Nichts fällt freilich so leicht, wie anonymen, persönlich nicht greifbaren Einrichtungen gegenüber Ansprüche zu stellen. Von der Bundesbahn, der Textilindustrie, der Studienförderung und Altersversorgung kann man schon einiges verlangen; hier werden wir uns melden. Aber wo sind die *Menschen,* von denen wir wirklich etwas wollen, und wo die Menschen, die an sie Ansprüche *stellen,* und zwar nicht nur als Arbeitskraft, Verdiener und Produzenten? Wo sind z.B. die Eltern, die noch Ansprüche an ihre Kinder stellen? Gewiß, die Kinder sollen mitkommen und es nicht unnötig schwer haben. Aber daß sie mit ihren Eltern nicht nur zusammen essen und wohnen, sondern auch leben sollen – das wäre doch zuviel verlangt. Da heißt es Bescheidenheit üben. Beanspruchen die Eltern z.B. die Freunde ihrer heranwachsenden Kinder zu kennen, zu wissen, welche Bücher ihnen gefallen, welche Filme sie mögen? Verstehen Sie mich richtig: nicht um sie noch immer an der Leine und unter Kontrolle zu halten, sondern weil sie sich wirklich für ihre Töchter und Söhne interessieren, von ihnen Neues erfahren und vielleicht sogar selbst etwas lernen möchten. Aber nein, man ist desinteressiert, obwohl man das rücksichtsvoll nennt. Bescheidenheit gibt sich als wohlwollendes Verständnis: wir waren auch mal jung – der Kameradschaftston schafft die nötige Distanz. Es gibt Eltern, die von den Lehrern verlangen, doch einmal mit ihren Kindern über dieses und jenes, über Zuverlässigkeit, Kameradschaft oder Wahrhaftigkeit zu reden, sie selbst wagen nicht mehr, einen so hohen Anspruch zu stellen. Sie finden sich ab, die mulmige Unzufriedenheit ist ihnen lieber als der offene Krach. Natürlich, wer gefordert wird, ärgert sich. Aber vielleicht wäre es besser, das Kind ärgert sich über die Eltern, als es vergißt sie, die nur noch Wohlwollenden. Aber auch umgekehrt ist es nicht anders: Wo sind denn die Jugendlichen, die das Gespräch mit den Eltern noch suchen? Sobald es kritisch wird, schreibt man die Alten ab, statt um Verständnis für die eigene Situation, eben die Situation der Jüngeren zu kämpfen: „Die ändern sich doch nicht." Aber wie sollen sie sich ändern, wie auch als Eltern noch lernen, wenn man Verständnis und auch Reibung gar nicht erst sucht? Es könnte doch sein, daß sich der Vater vielleicht sogar freut über den unbescheidenen Sohn, der nicht locker läßt, der Rat, nicht nur Taschengeld will und der ihm noch sagt, wie er über ihn denkt. Es könnte doch sein, daß die angeblich so festgefahrenen und unbeweglichen Eltern in Wahrheit durch die schonungsvolle Herablassung ihrer inzwischen so gescheiten Tochter nur zu blockiert sind, um ihre eigene

Unsicherheit einzugestehen und auch über *ihre* Fragen zu sprechen.

Das Schlimme an unserer Situation ist vielleicht gar nicht, daß keiner mehr zuhören *kann*, sondern daß keiner mehr zuzuhören *braucht*. Daß man einander nichts zutraut, vom anderen nichts mehr erhofft. Niemand braucht uns – *so* lautet im Grunde die Klage über die superbescheidenen Eltern, die zurückhaltenden Lehrer, die austauschbaren Freunde. Doch wer nicht gebraucht wird, verkümmert, und wer selbst niemanden braucht, verkümmert auch. Deshalb sind wir uns schuldig, Ansprüche zu stellen, und dies ist eine Kunst, die gelernt und geübt und gewagt werden will. Beispiele dafür ließen sich häufen. Wo etwa sind die kirchlichen Gemeinden, die Ansprüche an ihren Pfarrer stellen, z.B. den auf Wahrhaftigkeit oder verständliches Reden. Einfacher ist die fromme Bescheidenheit, die hinnimmt, was sie bekommt. Einfacher als das direkte offene kritische Wort ist das Getuschel hinter dem Rücken. Lehrer haben es aufgegeben, von den Schülern mehr als intellektuelle Leistungen zu erwarten. Professoren atmen auf, seit die Studierenden wieder bereitwillig pauken, was ihnen vorgesetzt wird. Der Anpassungsdruck war wohl zu zermürbend: selten sind die Studenten geworden, die es noch wagen, ihre eigenen Fragen zu verfolgen, und – selbst auf die Gefahr hin, aufdringlich zu wirken – sich nicht billig abspeisen lassen. Kollegen vermeiden es peinlichst, einander auf die Zehen zu treten. Obwohl wirklich gemeinsame Arbeit und erst recht gemeinsames Suchen es einschließen müßten, gelegentlich Farbe zu bekennen und einander auch persönlich zu fordern, schleichen sie umeinander herum, sich gegenseitig nur Höflichkeitsformeln zuflüsternd. In kirchlichen Kreisen herrscht Genugtuung über das, was man allgemein als Tendenzwende bezeichnet; gern kommt man dem neuen Beheimatungsbedürfnis entgegen, ohne die verbreitete resignierte innere Distanz zu bemerken, geschweige denn die verlorenen Hoffnungen zu retten, die sich einmal als Wunsch nach Veränderung und einer menschlicheren Gesellschaft aussprachen. Schon in den sogenannten persönlichen Beziehungen beginnt die Entfremdung. Geschwister erreichen mitunter Höhepunkte des schiedlich-friedlichen

Nebeneinander. Man verträgt sich bestens, aber eben: man läßt sich in Ruhe. Oder die kaltgewordenen Freundschaften, kalt- und fremdgeworden, weil es nicht mehr vorkommt, sich offen zur Rede zu stellen oder echt um etwas zu bitten, etwa zu sagen: in dieser Angelegenheit hast du mich ehrlich enttäuscht, oder: ich verstehe dich nicht mehr, oder: ich bin heute niedergeschlagen, darf ich dich gleich noch besuchen? Und schließlich die festgefahrenen Ehen: Schraub zurück, richte dich ein, das ist nun mal so. Ja, es gab einmal eine Zeit, wo beide miteinander glücklich sein wollten, wo sie an ihre gemeinsame Zukunft glaubten. Aber gelernt haben sie nur, sich äußerlich miteinander zu arrangieren, sich selbst voreinander in einem ausbalancierten System von Rücksichtnahmen zu schützen; sie haben das Sprechen miteinander verlernt und sich immer wieder ihre Enttäuschungen verschwiegen, und so hat sich statt der Hoffnung füreinander, mit der sie begannen, lähmende Resignation ausgebreitet.
Und wie sehr – auch das muß gesagt sein – hat solche Anspruchslosigkeit als bürgerliche oder gar christliche Tugend gegolten und gilt sie es von neuem. In jedem Poesiealbum stand ja zu lesen:

Blüh wie das Veilchen im Moose,
so still, bescheiden und rein,
nicht wie die üppige Rose,
die immer bewundert will sein.

Still, sittsam und fromm – Veilchen allüberall. Bescheiden blüht jedes vor sich hin, menschlich anspruchslos im Moose des Wohlstands. Biedermeier im Spätkapitalismus!
Doch täuschen wir uns nicht. Ansprüche gehören zum Menschen, jeder Mensch spürt sie. Auch wo die Müdigkeit im Wollen sie nur versteckt oder die Furcht, sich lächerlich zu machen, Erwartungen, die über das Allerbilligste hinausgehen, stillegt – gerade dort steckt oft überdimensionale Erwartung dahinter. Unzählige leben mit dem dumpfen Gefühl: einmal wird etwas geschehen. Und selbst die Perfekten in Anspruchslosigkeit sind nicht vor dem Gefühl der Traurigkeit und Einsamkeit sicher, das plötzlich ahnt, wieviel Möglichkeiten verlorengegangen sind

und unfruchtbar blieben, weil niemand so viel respektloses Zutrauen hatte, einen konkreten Anspruch zu stellen. Und es sind gerade diese Ansprüche, die unbewußt bleiben, welche zu der allgemeinen Unzufriedenheit führen, die ein Hauptmerkmal der sog. befriedeten Bedürfnisgesellschaft darstellt. Wir verspielen die Chance eines erfüllten Lebens, wenn wir es nicht lernen, uns unsere menschlichen Ansprüche einzugestehen und deutlich zu machen und bewußt und verantwortlich umzugehen mit ihnen.

Das Wort „Anspruch“ selbst vermag uns einen Hinweis zu geben, worauf es ankommt dabei. Denn dieses Wort hat mit „beanspruchen“, aber auch mit „ansprechen“ zu tun. Beanspruchen bezieht sich eher auf Sachen, Ansprechen direkt auf Menschen. Wer ein Mädchen anspricht, kann Herzklopfen bekommen: er geht ein Risiko ein. Wer dagegen ein Mädchen „anhaut“ – wie der Jargon sachgemäß formuliert –, hat nichts zu befürchten: ihm geht es um Sachen, bei denen die Person auswechselbar ist. Beanspruchen kann man Rechte, Gegenleistungen und anonyme Institutionen. Das bringt jedermann fertig, über Krankenhäuser und Uni, Kirche und Wirtschaft, Verwaltung und Gehälter zu schimpfen und Forderungen zu stellen. Ansprechen ist konkreter, schwieriger und riskanter, aber es hat auch – eben weil es auf Menschen zielt – mehr zu gewinnen. Zum Ansprechen gehören Phantasie und Einfallsreichtum, Takt und Einfühlungsgabe. Wer anspricht, muß bestimmt und genau, aber auch selber „ansprechend“ sein. Und er riskiert etwas, eben weil er sich auf den anderen verläßt und Bitten allemal Vertrauen voraussetzt. Und doch ist dieses Vertrauen selbst auch gewinnend, denn wer vertraut, anerkennt ja, was der andere als Mensch ihm bedeutet. *Konkretes* Vertrauen provoziert und gibt zugleich etwas: es kann jemandem Mut zu sich selbst machen und ihm reale Möglichkeiten zuspielen. Die Maxime, allein stark sein zu müssen, steht dem freilich hindernd entgegen. Oft ist sie so gründlich internalisiert worden, daß wir die elementare Erfahrung unserer Angewiesenheit auf *Menschen* kaum noch vor uns selber zulassen, geschweige denn daß wir über die Sprache verfügten, sie anderen zum Ausdruck zu bringen. Stattdessen üben wir die Strategie der Enttäuschungsverhütung, liefern – wenn wir denn doch einmal aus uns herausgehen – die Möglichkeit zum Rückzug gleich mit. Wir sagen: Entschuldigen Sie die Zumutung, ich sehe, Ihre kostbare Zeit, und: Ich möchte dich nicht aufhalten, oder: Natürlich nur, wenn es dir recht ist – statt einfach: Ich brauche dich jetzt, oder: Du hast mir geholfen. Wir schonen uns, um einander nicht ganz zu verlieren, spielen Verständnis, obwohl wir uns durchschauen und ärgern. Und – in solcher Nachsichtigkeit einmal trainiert – übersehen wir auch die noch vorhandenen Möglichkeiten und schließlich den anderen selber, kehren – genügsam geworden – in uns selber zurück. Und eben weil Ansprechen so schwierig ist und immer enttäuscht werden kann, gleitet es so leicht ins Beanspruchen ab. Deshalb halten wir uns lieber an Sachen, die man sichern und einrichten kann, und merken nur noch dumpf, daß wir menschlich veröden. Wir hetzen uns ab und tun eine Menge und trauen doch uns selbst und anderen im Ernste nichts zu. Ein Riesenbetrieb, aber Leerlauf, Leben-aneinander-vorbei. Manager mit Veilchenseelen, bescheiden, bescheiden.

Muß ich ausdrücklich sagen, daß Ansprechen etwas mit Glauben zu tun hat? Zunächst durchaus mit dem Glauben an Menschen. Auf sie hoffe ich ja, wenn ich Ansprüche stelle, ihnen mute ich etwas zu, auf sie verlasse ich mich. Aber dasselbe gilt auch für unser Verhältnis zu Gott. Gerade im Versuch, menschlich zu werden, werden wir darauf gewiesen. Denn nur wer an den Hoffnungen festhält, die zum Menschsein gehören, nur wer dem Versprechen traut, das mit jeder wirklichen Liebe da ist, nur wer die Beleidigung der Namenlosen empfindet, die im Klima der Banalität und des Zynismus verkümmern, und es nicht fertigbringt, über die vielen, die ohne Rechtfertigung sterben, eilfertig zur Tagesordnung überzugehen – nur der wird überhaupt den Sinn für das, was der Glaube Gott zutraut, bewahren oder allererst gewinnen. Nur wer an Menschen noch über den Tod hinaus festhält, wird für sie Gott ansprechen und d.h. beten. Würden wir von Gottes Zukunft wirklich etwas erwarten, dann würden wir wohl ungeduldiger werden, würden es *wagen,* die menschlichere Welt zu versuchen, und uns womöglich dafür sogar aufreiben können. Und nur wer Gott *real* etwas zutraut und in seinem *Tun* mit ihm

rechnet, *glaubt* wirklich an ihn. Er wird dann schon ganz von selbst nicht verlernen, zu ihm auch zu sprechen.
Denken Sie an das Beispiel Abrahams, dem Gott Nachkommenschaft verheißen hatte und der darauf alles gesetzt, alles eingesetzt hatte. „O mein Gott", appelliert er an ihn, „was wolltest du mir geben? Nun bin ich alt. Soll ich denn sterben, ohne daß du mir Kinder gegeben?" Denken Sie an Jeremia, der sich mit den Zuständen nicht abfinden wollte und den Bedrückern unangenehme Sachen gesagt hatte. Nicht nur um allen Erfolg, sondern auch jeden Anteil an menschlichem Glück sieht er sich schließlich betrogen. *Er* resigniert *nicht,* sondern nimmt Gott noch einmal beim Wort und stellt ihn in einer Weise, die sanftfrommen Gemütern geradezu unverschämt vorkommen muß. Oder denken Sie an Thomas, diesen frühchristlichen Intellektuellen, der sich das Glauben nicht zu leicht machen wollte. In Wirklichkeit möchte er glauben und seinem Herrn folgen, aber er weiß auch, was daran hängt. Eben deshalb bittet er so hartnäckig, auch ihm mit einem Zeichen der Ermutigung zu helfen.
Wie schädlich ist doch das dauernde Reden von angeblich christlicher Geduld und Demut gewesen! Unzählige hat es nur abgerichtet zu braven selbstgenügsamen Bürgern, die einen Nachklang von Hoffnung bloß noch gelegentlich in der Form einer dumpfen Resignation spüren und sich dann allenfalls in unzufriedenem Nörgeln Luft machen. Realisten, die zu sein wir uns schmeicheln, meinen wir, was unmöglich ist und möglich, zu wissen. Was sollen wir beten, wenn Berge doch nicht versetzt werden können? Und natürlich: Was sollen wir Unmögliches überhaupt erst versuchen? Als ob es denn so ausgemacht wäre, was noch möglich sein kann! Als ob nicht ein Herz in uns wäre, das *unbedingt* wünscht und allen vernünftigen Beschwichtigungen mißtraute! Würden wir es nicht bei unseren anonymen Sehnsüchten lassen, würden wir aufhören, solche Vorstellungen wie: daß alle Menschen ihr Recht finden sollen, daß die Wahrheit sich durchsetzt und nur Liebe es verdient, als Glück bezeichnet zu werden – durch müdes Achselzucken zu diskreditieren, würden wir vielmehr beginnen, diese Hoffnungen zu artikulieren, sie anschaulich zu fassen und dann im Ernst zu versuchen, würden wir also

vor uns selbst und miteinander *anspruchsvoll leben,* dann würden wir schon erfahren, wie sehr wir Glauben notwendig haben. Und wohl auch neu zu beten beginnen. Denn sehen Sie: die wirklich gläubigen Menschen, so wie sie uns in der Bibel begegnen, die haben *gelebt,* haben geschrien und gebetet, geweint und gelacht, geklagt und gehofft. *Wir* aber,

Wir *können* nicht klagen.
Wir haben zu tun.
Wir sind satt. Wir essen.
Das Gras wächst. Der Fingernagel wächst.
  Das Sozialprodukt wächst.
Die Verhältnisse sind geregelt. Die Teller sind abgespült.
Das Examen kommt. Die nächste Gehaltsstufe kommt.
  Die Altersversorgung kommt sicher.
Wir sind einigermaßen zufrieden.
  Wir lassen einander in Frieden.
Wir haben nichts zu sagen. Wir haben.
Wir können nicht klagen.
Worauf warten wir noch?

Ja, was erwarten wir überhaupt noch?

23. Erinnerung der Toten

Volkstrauertag

Die Vergangenheit wächst und wird älter, die Wunden sind lange schon vernarbt. Wozu ein Volk zur Trauer verpflichten? Gewohnheit stumpft ab, wir wissen ja, wie solche Tage verlaufen.

Die Unfähigkeit der Deutschen zu trauern! „Über alle Schmach des Krieges selbst", hat Karl Kraus einmal gesagt, „geht die der Menschen, von ihm nichts mehr wissen zu wollen, indem sie zwar ertragen, daß er ist, nicht aber, daß er *war.*" Wo aber ein Krieg in Vergessenheit gerät, beginnt bereits neue Gefahr, und dies bewußt zu machen, wäre schon Grund genug, so etwas wie einen Volkstrauertag zu halten. Nicht, um das Sterben im Krieg zu verehren; die *Toten* der Kriege aber müssen wir ehren. Ein Volk, das den Schmerz von Menschen nicht achtet, die ihre Angehörigen als Opfer der Kriege betrauern, wäre schamlos zu nennen. Und wie sollte man es selbst achten und an seine Menschlichkeit glauben, wenn es das Gedächtnis gerade auch für diejenigen verweigert oder verliert, an die sich sonst niemand mehr erinnert: für den gefallenen Sohn einer Witwe, die inzwischen selber gestorben ist; für das auf der Flucht erfrorene Kind, dessen Eltern beim Einmarsch der Roten Armee erschossen wurden; für die verbrannten Familien in den Städten . . . Aber nicht nur die Opfer des Krieges bedürfen der Erinnerung, sondern auch all die anderen Opfer dieser Epoche, die in der Gewalt gegen Unschuldige ihr unmenschliches Wesen enthüllte: die gefallenen Frontsoldaten also, die den Krieg führen mußten, aber auch die Widerstandskämpfer, deren Gewissen gegen ihn aufstand; die unter Bomben oder auf der Flucht in Schnee und Eis umgekommenen Greise, Mütter und Kinder, aber auch die wehrlosen Insassen der Anstalten, die als sogenanntes lebensunwertes Leben in den Öfen verbrannten, und vor allem – nie werden wir das verkleinern oder verharmlosen dürfen – die 6 Millionen Juden, die für alle Übel schuldig gemacht und planmäßig ausgetilgt wurden. Bedeutungslos sind angesichts des Todes auch alle politischen Grenzen. Es wäre ja absurd, von polnischen, französischen oder deutschen Toten zu reden und ihre Zahl oder ihr Leid gegeneinander aufrechnen zu wollen. Wir können unsere Toten nicht ehren, ohne auch an die Menschen zu denken, die *durch* Deutsche umkamen: jeder zehnte Russe z.B. und 22% des gesamten polnischen Volkes. Wäre unsere Erinnerung hier stärker, unsere Fähigkeit zur Wahrnehmung fremden Leids größer – vielleicht täten wir uns dann weniger schwer mit einer Politik entschiedener Versöhnung.

Was aber bedeutet es, die Toten zu ehren? Zunächst, meine ich, und vor allem: daß wir ihren Tod ernst nehmen und aushalten als das, was er ist. Es ist ja aufschlußreich, wie hilflos wir unsere nationalen Feier- und Trauertage begehen. Schon immer war das Verhältnis unseres Volkes zu seiner Geschichte gebrochen; das Dritte Reich aber und seine Folgen sind geradezu zum Trauma geworden. Das Maß der Schuld und des Leidens war wohl einfach zu groß, um eingestanden und ausgehalten zu werden. Natürlich ist hier nicht der Ort und erst recht kann und will *ich* mir nicht herausnehmen, über Schuldfragen zu richten. Aber ganz dazu schweigen darf man auch nicht. So etwa ist es sicherlich richtig, daß die Zusammenhänge viel zu verwickelt sind, als daß andere Völker alle Schuld allein den Deutschen aufladen könnten; aber wenn dann immer wieder Deutsche herkommen und sich, noch ehe sie ihre Hauptverantwortung anerkannt haben, ausführlich über die Fehler der anderen auslassen, dann ist das nicht nur peinlich, sondern verrät – schlimmer noch – einen bedenklichen Verlust an moralischem Empfinden. Oder wenn andere alle Schuld auf den Führer abschieben, den sie nachträglich zu einem Satan erklärten, dann ist das als Mechanismus der Entlastung zwar ebenfalls zu verstehen, als Erklärung aber für alles, was geschehen ist, kann es trotzdem nicht überzeugen. Noch gefährlicher freilich sind die Darstellungen, auch neueren Datums, die auf eine Verharmlosung der „Bewegung“ hinauslaufen, für deren Führer – offen oder versteckt – um Sympathie werben und ihre bewußten Verbrechen wegerklären oder durch sogenannte Verdienste

aufzuwiegen versuchen. Als ob die Autobahnen, die Wiederherstellung der Vollbeschäftigung und der öffentlichen Ordnung noch zählten, wenn es gleichzeitig Verbrechen gab, Verbrechen, die nicht nur faktisch unterliefen, sondern zum politischen Programm gehörten: die Verbrechen der Willkürjustiz und der Gestapo, die Verbrechen der Vernichtungslager und eines maßlosen Krieges, der eindeutig ein Eroberungskrieg war.
Was diesen Krieg so ohne Vergleich macht, ist nicht nur das bisher ungekannte Ausmaß der Leiden, die er brachte, sondern auch – und dies wollte ich sagen – die gänzliche Unmöglichkeit, eine Rechtfertigung für ihn zu finden. Natürlich kann man sagen, einen gerechten Krieg – das habe es doch niemals gegeben; denn gegen jede Erklärung melde sich unabweisbar die Wahrheit des Einzelnen, und kein Argument komme jemals darüber hinweg, daß für die Toten die Blumen nicht mehr blühen, kein Brot mehr für sie gebacken wird, der Wind nicht mehr für sie weht; daß ihre Kinder Waisen, ihre Frauen Witwen sind und Eltern um ihre Söhne trauern. Das ist wahr – und trotzdem hat es auch Kriege gegeben, über die – trotz allem – die Geschichte noch etwas Sinnvolles wußte. Denn wer weiß, wie unser Leben geworden wäre, wenn nicht bei Salamis, auf den katalaunischen Feldern, auf dem Lechfeld, vor Wien Feldherren befohlen und Soldaten ihr Leben gewagt hätten. Dieser letzte Krieg aber war tatsächlich ein total verlorener Krieg, verloren nicht nur in den ausgebombten Städten, sondern auch in den ausgebrannten Gehirnen und Herzen. „Wer denn“, schrieb Wolfgang Borchert damals, „ach wer weiß einen Reim auf das Röcheln der zerschossenen Lungen, einen Reim auf die Hinrichtungsschreie, wer kennt das Versmaß für alle Vergewaltigung, das Gebell der Maschinengewehre, eine Vokabel für die verstummten Schreie und die toten Augen, in denen sich kein Himmel mehr spiegelt und nicht mal die brennenden Dörfer“ . . . Die Ideologie des Dritten Reiches ist diese Antwort schuldig geblieben; Göbbels hat die Frage nach der Rechtfertigung nicht einmal ernsthaft gestellt, eine Begrenzung überhaupt nicht erwogen. In der Sportpalastrede hat er nach einem Kriege geschrien „wenn nötig totaler und radikaler, als wir ihn uns heute überhaupt noch vorstellen können“. Und so fragte 1944 folgerichtig

der französische Flieger Exupéry: „Wer gesteht es sich nun ein, daß dieser Krieg mit nichts mehr zu vergleichen ist, daß an ihm alles sinnlos ist und kein Schema mehr auf ihn paßt?"
Was wir heute Volkstrauertag nennen, hieß früher einmal Heldengedenktag. Auch das hat es in diesem Krieg ja gegeben: Verantwortung und Mut, Pflichttreue und Tapferkeit gegen die Angst, Kameradschaftlichkeit, Selbstüberwindung und Hilfe für andere, denen es noch schlechter ging. Das alles können wir Heldentum nennen. Aber ist es sinnvoll, von Helden zu sprechen, wenn der Krieg, den sie führten, selbst ohne Sinn war? Viele von ihnen hätten den Namen Held nicht einmal gewünscht. Sie waren Menschen wie wir und wollten leben wie wir. Und von einigen wird berichtet: als sie das letztemal rausmußten, hätten sie geweint. Richtiger ist es, sie Opfer zu nennen: Opfer in diesem kaum überschaubaren Zusammenhang von Unvernunft und Schuld. Sie haben die Rechnung beglichen. Sie Helden zu nennen, verkleidet ihren Tod mit einem Sinn, der für sie selber am Ende zerbrach. Wer darüber hinwegsieht und sich der Frage verschließt, die noch immer eine Antwort erwartet: Wozu dieser Tod und für wen? – der muß sich fragen, ob er damit nicht – ob gewollt oder nicht – den ersten Schritt zur Rechtfertigung des Zweiten Weltkrieges tut.
Wenn wir dagegen bereit sind, diese Frage der Toten zu achten und uns der ganzen Sinnlosigkeit dieses Krieges zu stellen, dann werden seine Opfer zwar erst recht unerträglich, diese Opfer, die Menschen nie mehr wiedergutmachen können. Aber nur so, mit dieser Einsicht, kann unser Erinnern zu etwas Sinnvollem führen. Es könnte uns freimachen davon, den Krieg als blindes Verhängnis zu sehen. Wir könnten ihn verstehen lernen als Ergebnis einer Entwicklung, in der Politik, Wirtschaft und Wissenschaft, Interessen und Ideologien, das Verhalten von Einzelnen und Massen ihre Rolle gespielt haben. Und mit den gewonnenen Einsichten in der Gegenwart leben! Dann würden wir hellhörig sein und von Anfang an Widerstand leisten, wenn irgendwo die Sprache der Gewalt wieder laut wird, wenn man die sachliche Vernunft verachtet und nach dem starken Mann ruft, wenn eine neue Ausländerfeindlichkeit sich verbreitet, wenn politische Ideen

mit Heilsanspruch auftreten und vor allem: wenn Militärs ungerührt ihre Planungsspiele durchführen. Nie mehr werden wir vergessen, daß schon der letzte Krieg – wie Max Planck damals sagte – „den Bankerott der traditionellen Vorstellungen vom Krieg offenbar gemacht hat", und dürfen dies um so weniger vergessen, als die Folgen eines möglichen Krieges seitdem Dimensionen erreicht haben, die wir uns nicht einmal mehr vorstellen können. Jedes Kind muß heute wissen, daß jeder künftige Krieg etwas so wesentlich anderes als noch der letzte Krieg ist, etwas von vorneherein so Ungerechtes und in sich Unsinniges, daß er als letztes Mittel der Politik nicht einmal mehr erwogen werden darf. Daß man bisher keinen anderen Weg geht, einen solchen Krieg zu verhindern, als paradoxerweise zu ihm zu rüsten und dabei schwerste Risiken auf sich zu laden, zeigt noch einmal mehr, wie drängend die Gefahr ist. Mag sein, daß das Gleichgewicht des Schrekkens uns hierzulande noch eine Weile Windstille beschert. Dafür aber wachsen anderswo – und dies nicht zuletzt deshalb, weil wir an der Doktrin der Abschreckung festhalten und andere Wege zum Frieden nicht ernsthaft versuchen – mit tödlicher Sicherheit die Ursachen neuer Weltkonflikte heran. Dabei denke ich nicht nur an die Unruhezonen unserer Erde, wo die Supermächte ihren Einfluß noch nicht abgesteckt haben, sondern vor allem an das Unrecht, das die reichen Nationen gegenüber den armen anhäufen und damit einen Gegendruck erzeugen, der irgendwann zur Entladung kommen *muß*. Welche Aufgaben hier liegen, haben die Friedensforscher schon lange beschrieben, ohne daß freilich mit ihren Einsichten ernst gemacht würde. Wir können auf diese Zusammenhänge jetzt nicht weiter mehr eingehen. Doch möchte ich Ihnen noch ein paar Konsequenzen mitteilen, die mehr das Bewußtsein und Verhalten des Einzelnen betreffen: zehn Grundsätze für eine Erziehung zum Frieden, die von betroffenen und nachdenklichen Zeitgenossen formuliert wurden und ernst machen mit der Einsicht, daß – wie John F. Kennedy meinte – „die Menschheit dem Krieg ein Ende setzen muß oder der Krieg setzt der Menschheit ein Ende".

Erziehung zum Frieden wäre erstens Erziehung zur Empfind-

samkeit, ja zur Empfindlichkeit: zum Leiden an Unrecht, Schmerzen und Ängsten, die anderen und mir widerfahren.
Erziehung zum Frieden heißt zweitens, den lebenden und kommenden Menschen eine tiefe Abneigung gegen die Gewalt eingeben. Eine Abneigung gegen jede physische Gewalt, die den Körper quält und den Geist demütigt.
Drittens heißt Erziehung zum Frieden lehren, wie der Krieg ist. Nicht das Abenteuer, wie die Kriegsromane ihn schildern; nicht das faszinierende Spiel mit der Technik, wie es Manöverschau und Militärparaden vorführen. Er ist in Wahrheit die kollektivste und unbarmherzigste Form von physischer Gewalt gegen Menschen, und davor sollten Menschen Angst haben.
Friedenserziehung muß viertens zeigen, was Krieg *heute* bedeutet. Daß – wie Manfred Rommel einmal sagte – der Zweite Weltkrieg der letzte Krieg war, bei dem der Fortbestand der Menschheit noch vorausgesetzt werden konnte. Bert Brecht hatte dafür die Parabel von den drei Kriegen des großen Karthago: Nach dem ersten war es noch mächtig. Nach dem zweiten noch bewohnbar. Nach dem dritten war es nicht mehr aufzufinden.
Zum Frieden erziehen heißt fünftens auch zeigen, wie schwer der *Friede* sein kann. Daß er fordert, ein bestimmtes Maß an Unrecht aushalten zu können, ohne dagegen neues Unrecht zu setzen. Aber auch Ungehorsam muß gelernt sein, immer dann nämlich, wenn der Wille zu Ruhe und Ordnung das bestehende Unrecht beschwichtigt. Mit Konflikten zu leben, um den Krieg zu vermeiden – das wäre das Sechste, wozu Friedenserziehung befähigt: daß man sich auf Auseinandersetzung und Widerstand, Verständnis und Vergebung einläßt, einen komplizierten, aber erlernbaren Weg. Und dies gilt von der Freundschaft bis hinauf zur Weltpolitik.
Erziehung zur Politik also wäre das Siebte, Erziehung zur Informations- und Verantwortungsbereitschaft, zu Entscheidungs- und Durchhaltevermögen, zu einem Handeln mit „Leidenschaft und Augenmaß", aber unbedingter Verachtung aller Gewalt.
Erziehung zum Frieden ist achtens Erziehung zur Veränderung der Welt, zur Umgestaltung dessen, was besser sein könnte: Sozialpolitik, Strafwesen, Weltwirtschaftsordnung . . . Ohne eige-

ne Veränderung jedoch kann auf diesem Weg nichts gelingen.
Neuntens ist Erziehung zum Frieden Erziehung zur Freude am anderen: daß wir lernen, in der Verschiedenheit von Menschen, Kulturen und Völkern eine Bereicherung zu sehen statt immer nur Bedrohung zu wittern.
Erziehung zum Frieden öffnet zehntens die Augen für das Leiden der anderen. Denn drei Dinge vor allem schüren den Krieg: Gleichgültigkeit, Schlechtmachen des andern und Sich's-selber-gut-gehen-Lassen auf Kosten des notleidenden Nächsten.
Zum Schluß noch eine Bitte in eigener Sache: Rechnen Sie es einem Jüngeren, der den letzten Krieg nur aus Geschichtsbüchern kennt, nicht als Anmaßung an, zu ihm überhaupt gesprochen zu haben. Halten Sie auch mir zugute, was Camus einmal sagte: daß es nicht unehrenhaft sei, zu einer Generation zu gehören, die immerhin so viel über den Krieg weiß, daß sie sich nicht mehr schämt, Angst vor ihm zu haben. Und was den Priester und Theologen angeht: oft genug und zu Recht muß er den Trauernden etwas Tröstliches sagen. Aber ebenso muß ihm erlaubt sein, den Nichttrauernden oder Nicht-mehr-Trauernden Fragen zu stellen. Die Zeiten, in denen auch von den Kanzeln zu hören war, daß es süß und ehrenvoll sei, fürs Vaterland zu sterben, müssen endgültig vorbei sein. Vielmehr ist es die Aufgabe und Möglichkeit der Christen, das Gedächtnis der Toten zu bewahren, in ihrem Namen und für sie Gott anzurufen und im Vertrauen auf ihn, der an Jesus seine Macht über den Tod offenbarte, für die Lebenden zu tun, was Menschen tun können. Das Spiel mit der Gewalt aber ist zu sehen als das, was es ist: unmenschlich und unvernünftig. Niemand kann garantieren, daß ein Weg ohne sie ohne Opfer sein wird. Doch ist es der einzige, der die Verheißung des Evangeliums hat.

24. Über die Liebe, den Glauben und das Glück

Eine Trauansprache

Auch ich möchte Sie herzlich zu dieser Feier begrüßen und uns allen die Mischung von Ernst und Fröhlichkeit wünschen, die an einem Tag wie heute angebracht ist. Ihr beide habt mich gebeten, Euch heute zu trauen, und ich tue das gern, nicht nur aus Pflicht und von Amts wegen, sondern weil ich ganz im Ernst davon überzeugt bin, daß es sinnvoll ist, was wir tun. Ihr habt mir erzählt, warum Ihr Euch eine kirchliche Trauung gewünscht habt: daß Ihr den Glauben, in dem Ihr aufgewachsen seid, nicht hinter Euch lassen wollt, sondern von ihm erwartet, daß er für Eure Liebe wichtig sein wird. Von mir erwartet Ihr, gerade dazu etwas zu sagen, und das macht mich natürlich auch etwas verlegen. Denn ein Pfarrer (und ein katholischer besonders) steht ja von vorneherein im Verdacht, mehr von solchen Dingen wie Liebe und Ehe zu reden, als er wirklich davon versteht. Und aus lauter Hilflosigkeit beginnt er dann leicht so hoch oben im Himmel, daß ihm das Menschliche gar nicht mehr in den Blick kommt.
Deshalb möchte ich es lieber umgekehrt machen und mit dem anfangen, was ich für das Selbstverständlichste halte: daß Ihr nämlich wünscht, auf Eurem Weg, der nun endgültig ein gemeinsamer sein soll, glücklich zu werden. Und wie alle, die hier sind, möchte ich Euch Glück dazu wünschen. Aber schon dies, daß wir Euch nur Glück wünschen können, ist doch eine auffällige Sache. So selbstverständlich wie der *Wunsch* nach Glück ist das Glück *selbst* offenbar nicht. Ganz offensichtlich muß man Glück zum Glücklichsein haben. Wenn zwei sich verlieben, spüren sie das sehr deutlich: Tausendmal und noch einmal mehr können sie sich fragen: Liebst du mich wirklich? Und freuen sich jedesmal wie zum erstenmal über die Antwort. Sie wissen noch, daß sie das, was wirklich zählt und alles schön macht, selbst weder herstellen noch absichern können, daß es ihnen nur zufallen, nur geschenkt

werden kann. Und das Schönste, was uns geschehen kann, ist eben – wer's erfahren hat, wird's nicht bestreiten –, daß ein anderer uns nicht nur irgendetwas, sondern sich selbst schenkt.
Daß Glück und Liebe zusammengehören, das wissen freilich auch die Schlager und Schnulzen. Aber schon ihr sehnsüchtiger Ton weist darauf hin, daß es für die meisten ein romantischer Traum bleibt. Deshalb sind es ja nicht wenige, die schon den Wunsch danach nur noch müde belächeln, als schönen Traum eben, den man am besten der Zerstreuungsindustrie oder – je nach Geschmack – den Dichtern und Feiertagsrednern überläßt und natürlich den jungen Leuten selbst, solange sie eben noch verliebt sind und im Mondschein spazieren gehen. Das werde sich geben, sagen sie, schon nach ein paar Jährchen sei das alles vorbei. „Darum wird nach dem Happy End im Film gewöhnlich abgeblend't . . . Die Ehe ist zum größten Teile verbrühte Milch und Langeweile" – und was derlei Sprüche mehr sind. Aber ich bitte Euch, glaubt denen nicht, die so reden. Schaut genau hin, wie sie ihr Glücklichwerden versuchen, ob es das ist, was Ihr Euch selbst wünschen möchtet. Denn was sie ihre Lebenserfahrung nennen, ist ja oft nur schlecht verdeckte Resignation. Es zeigt nur, daß sie *nicht* wirklich dazugelernt haben. Denn statt die Liebe, die sie sicher auch einmal spürten, tiefer und reifer werden zu lassen und in ihr über sich selbst hinauszuwachsen, sind sie irgendwann zu sich selbst zurückgekehrt, ohne freilich auf alles Glück verzichten zu wollen. Nur daß sie nun, statt es im andern zu finden, es im Alleingang und oft gegen den andern versuchen, miteinander zäh um ihre Ansprüche kämpfen, bis sie sich vielleicht äußerlich arrangieren, Erfüllung und Bestätigung aber anderswo suchen. So sieht man sie denn, wie sie sich ihrer Karriere verschreiben, von ihrer Arbeit auffressen lassen, mit ihren Erfolgen angeben, im Kampf um Positionen immer härter werden gegen andere und gegen sich selber, wie sie Konten und sinnlose Sachen anhäufen, sich an ihrer Fassade festhalten und, um fröhlich zu sein, sich ablenken müssen. Vom Erfolgszwang getrieben und verbraucht, im Konsumieren vereinsamt und abgestumpft durch die öden ereignislosen Jahre, fürchten sie nichts so sehr, als die Enttäuschung, die sie wohl spüren, sich einzugestehen, machen lieber

aus ihrer Not eine Tugend, nennen ihren Mißmut Lebensklugheit, ihre Gleichgültigkeit Erfahrung, ihr Nörglertum Realismus und können doch nur schlecht verbergen, daß sie im Grunde frustriert sind und ihnen etwas Entscheidendes fehlt: etwas, das sie sich hätten schenken lassen und selbst zu geben lernen müssen. Dies wäre deshalb das Erste, was ich Euch wünschen und wozu ich Euch ermutigen möchte, allen Skeptikern und ihren klugen Argumenten zum Trotz: daß Ihr unbeirrt bleibt in dem Wunsch, *glücklich* zu werden, und dabei daran festhaltet, was Ihr ja schon erfahren habt: daß ein anderes Glück als Liebe nicht wirklich der Rede wert ist, und daß Ihr deshalb entschlossen seid, *miteinander* glücklich zu werden, keiner mehr ohne den andern.
Mein zweiter Wunsch geht noch weiter, und dies gerade, weil ich durchaus mit der Härte und dem Ernst der Jahre rechne. Niemand wird ja bestreiten, daß jeder so etwas wie Liebe braucht und nach ihr verlangt. Schon das Kind lebt vom Lächeln und der Zuwendung der Eltern, ohne sie müßte es verkümmern wie die Pflanze, der das Sonnenlicht fehlt. Ebenso brauchen wir nur uns selber zu fragen, warum wir etwa auf der Stelle hellhörig werden, wenn jemand uns lobt oder schmeichelt: unsere Arbeit, unsere Begabung, unser Aussehen, unseren Charakter . . . Warum denn sonst sind wir dafür fast bis zur Blindheit empfänglich, als weil sich darin Liebe ankündigt, die wir nicht weniger brauchen als die Luft und das Essen. Anerkennung und Bestätigung, Freundlichkeit und Sympathie – wir haben das ja alle so nötig. Und doch wollen wir *mehr!* Nicht nur „ein bißchen Liebe braucht der Mensch zum Leben“, sondern dauerhafte Bejahung. Nicht nur mal ein Lob für dies oder jenes, sondern ein Angenommensein, das nichts ausläßt. Wir möchten es nicht immer erst verdienen müssen, daß jemand uns mag. Möchten unbelastet sein von der Sorge, ob wir auch wohl noch genug liebens*wert* sind. Wie gern würden wir uns unverstellt geben, auch müde, schwach und ängstlich sein dürfen und dann doch nicht allein sein. Menschen möchten wir finden, die mit ihrer Zuwendung nicht doch zuletzt nur wieder etwas wollen von uns, sondern die uns selbst meinen und dies auch mit sich selbst sagen. Einen Menschen, der uns die Gewißheit gibt, die wir uns nie allein machen können: daß es

sinnvoll ist, gut für ihn, daß wir da sind. Der sich freut, wenn wir es annehmen, und darüber selbst glücklich ist. Und der dies so ernst und konkret meint, daß er sich wirklich und d.h. mit seinem Leben darauf einstellt. Mit einem Wort: eben *geliebt* möchten wir werden: wir selbst, umsonst, unbedingt. Und ebenso möchten wir wohl selbst lieben können. Das also ist das Zweite, was ich Euch wünsche: daß Ihr Euch eingesteht, was Ihr von Eurer Liebe erwartet, und deshalb wißt, was Ihr tut, wenn Ihr versprecht, Euch zu lieben.

Aber hier spätestens ist auch der Punkt, an dem die Realisten ärgerlich werden. Kann man denn, sagen sie, solche Liebe überhaupt versprechen? Mag ja sein, daß jeder so geliebt *werden* möchte. Aber kannst du denn auch selber so lieben? Und wenn du da nicht ganz sicher bist, kannst du es dann vom andern erwarten? Werdet Ihr also nicht zuviel riskieren und wird die Enttäuschung, wenn Euch die Augen erst einmal aufgehn, nicht nur um so größer? Es ist ja nicht zu bestreiten, was wir alltäglich erfahren: Die meisten Ehen sterben, auch wenn sie sich noch weiterschleppen, genau an dem Punkt, wo beide meinen, sich nun so gut zu kennen, daß sie das Recht hätten, enttäuscht voneinander zu sein. Wißt Ihr denn, wohin jeder von Euch sich entwickelt und ob Ihr Euch in zehn Jahren noch mögt? Wäre es also nicht redlicher und klüger, zu sagen: Nun gut, wir werden ja sehen, wir wollen es halt miteinander versuchen?

Und doch muß auch die Gegenfrage erlaubt sein: Wie denn, wenn das alles so ungewiß und riskant ist, soll dann Liebe überhaupt noch gelingen? Denn soviel ist ja ebenfalls sicher: Vorbehalte und Angst lähmen und töten die Liebe, noch ehe sie überhaupt richtig anfängt. Mit den zitierten Zweifeln mag das beginnen; dann die verstohlene Beobachtung des andern, die heimlichen Vergleiche und schließlich das häßliche Miteinander-Abrechnung-Halten. Die Unsicherheit, Liebe nie eindeutig feststellen oder zeigen zu können. Das Wissen, nur *frei* geliebt werden zu können, und der Schmerz, den andern deshalb auch frei *lassen* zu müssen, dann trotzdem der sanfte Druck auf ihn, das Anklammern und der Versuch, ihn nach dem eigenen Bilde zu formen, um ihn weiterhin lieben zu können und die Unsicherheit unter Kontrolle zu halten. Zugleich umgekehrt das Versteckspiel, um selbst zu gefallen, die vielen uneingestandenen Wünsche und unterlassenen Bitten, der Rhythmus von Überforderung und Enttäuschung und schließlich das resignierte Sich-Arrangieren. Nach diesem Gesetz der Angst kann Liebe jedenfalls nicht glücken, und auch das läßt sich belegen.

Wer wirklich liebt, fragt aber auch gar nicht so oder genauer: sein Vertrauen ist stärker als diese Fragen. Denn das ist das Erstaunliche an der Liebe: sie fängt einfach an. Darin ist sie tatsächlich ein Wunder. Zwar mag es eine Menge vernünftiger Überlegungen geben, die dafür sprechen, daß zwei Menschen sich endgültig miteinander verbinden. Aber wenn es dann wirklich ernst wird, haben sie letztlich keinen anderen Grund als eben – die Liebe. Nicht wir haben die Liebe, sondern die Liebe hat uns. Das war schon so, als sie anfing. Irgendwann war sie da, keiner weiß mehr so recht, wer eigentlich den Anfang gemacht hat, denn um die Liebe des anderen zu sehen, mußte man ja selber schon lieben. Aber es gilt auch für die Zukunft: denn Liebe reicht immer weiter, sucht immer mehr und möchte mehr geben, als jemals da ist, mehr auch, als – genau besehen – Menschen überhaupt verwirklichen können. Und nur, wenn man sich darauf verläßt, daß diese Hoffnung, die mit der Liebe selbst da ist, nicht trügt, kann sie auch in der Wirklichkeit gelingen. „Wer liebt", hat Kierkegaard einmal geschrieben, „kennt immer nur ein einziges Verfahren: er rechnet damit, daß die Liebe schon da ist. Und gesetzt, es gelänge zwei Menschen, ihre Liebe zu realisieren, und sie hätte sich schließlich als wirklich erwiesen – dann stünde jeder da und sagte beschämt zu sich selbst: aber das ist doch, was ich schon immer vorausgesetzt habe."

Weil wir, was wir erst noch verwirklichen wollen, doch schon voraussetzen müssen, deshalb ist Liebe mit Glauben verbunden. Im Anfang mag das eine Selbstverständlichkeit sein. Da ist die Liebe noch frisch und spricht für sich selbst. Aber es werden auch Tage kommen, wo der Glaube für die Liebe einstehen und sie stark machen muß. Deshalb ist das Dritte, was ich Euch wünsche, daß Ihr zu der Liebe, die unter Euch angefangen hat, Vertrauen faßt und immer Vertrauen behaltet. Dabei weiß ich genau: solches Vertrauen kann man nicht fordern; man kann nur Mut dazu machen. Darum geht es in dieser Feier, und diese Ermutigung war ich Euch schuldig, weil ich ja sagen sollte, was der Glaube mit der Liebe von Menschen zu tun hat. Daß Liebe unbedingtes Vertrauen verdient, weil Gott selbst mit ihr anfing und für sie bürgt – das sagt der Glaube. Und er bewährt sich darin, daß er uns die Möglichkeit gibt, Mensch zu sein und es immer mehr miteinander zu werden. Denn nur, wenn wir die lähmende Angst überwinden, die so tief in uns steckt, uns bei uns festhält und allein läßt, nur dann können wir uns ernsthaft einlassen auf einen andern, mit ihm uns selber neu finden und Möglichkeiten für ein Leben gewinnen, das verdient hat, menschlich zu heißen. Das haben Dichter immer wieder beschrieben, wenn auch häufig nur als Wunsch oder in der Traurigkeit gescheiterter Erfahrung. Das Evangelium lädt uns ein, damit wirklich den Anfang zu machen und auf diesem Weg zu bleiben, obwohl wir ihn nicht überblicken. Ich meine, daß seine Verheißung es verdient, beachtet zu werden. Wo Liebe geschieht, sagt Johannes, sind wir vom Tod in das Leben geschritten.

Damit könnte ich nun eigentlich schließen, denn ich habe Euch meine Wünsche gesagt. Aber erlaubt mir noch eine kleine Ergänzung. Im Tagebuch von Max Frisch fand ich ein kurzes Interview mit zwei lapidaren, unmittelbar aufeinander folgenden Fragen: Lieben Sie jemand? und: Woran erkennen Sie das? Drei Merkmale sind mir eingefallen, an denen die Freiheit, lieben zu können, konkret erkennbar sein müßte. Auch sie möchte ich noch nennen und mit ihnen meinen Hauptwunsch für Euch noch deutlicher machen.

Das erste ist Wahrhaftigkeit miteinander. Da sagen die einen: Liebe macht sehend, und die andern: Liebe macht blind. Richtiger muß es wohl heißen: Wer liebt, sieht den anderen *ganz.* Er nimmt wahr, wie der andere ist und wo er falsch ist, und kann es ihm sagen. Er sieht keineswegs darüber hinweg, sondern eher darüber hinaus. Denn was wir jetzt noch nicht sind und doch einmal sein können, gehört ja ebenso zu uns wie die Unsicherheiten, Hemmungen und Nöte, die uns noch hindern. Damit dürft Ihr rechnen, das müßt Ihr entdecken und zugleich einander Zeit dabei lassen. Sicher werdet Ihr einmal an Grenzen gelangen, die angenommen sein wollen, wenn nicht jeder Tag zur Quälerei werden soll. Aber diese Grenzen könnt Ihr jetzt noch nicht endgültig wissen. Deshalb sorgt dafür, daß Euer Gespräch niemals abreißt, denn offenes Sprechen ist der einzige Weg, um Eure Möglichkeiten tatsächlich zu finden und zu erfahren, was der andere gerade an Zumutung und Kritik oder auch an Verständnis und Toleranz braucht. Verbietet Euch schon heute und für immer jedes letzte Wort übereinander – es sei denn, es wäre ein gutes. Sucht lieber stets das erste zu sagen: ein Wort, das tröstet und bittet, aufrichtet und wieder öffnet.

Phantasie ist das zweite, was ich Euch wünsche. Denn die Geduld, die ihr braucht, könnte sonst zur Gleichgültigkeit werden, in der ihr aufhört, überhaupt noch zu wünschen. „Als sie einander acht Jahre lang kannten, und man muß sagen, sie kannten sich gut, kam ihre Liebe plötzlich abhanden wie andern Leuten der Stock oder Hut" – ein solches Ende würde beweisen, daß schon der Anfang nicht stimmte. Als wäre Liebe ein bloßes Gefühl, das über uns kommt und wieder geht wie das Wetter. Wohl ist sie das Innerste und will doch nach außen: wie das Leben selbst, das mit uns anfing und wächst. Erfinderisch und voller Pläne, zum Spiel aufgelegt und zum Entdecken – so bleibt sie jung. Und sie tut eine Menge. Aber nicht, um sich selbst zu beweisen oder Gegenliebe erst zu verdienen, sondern einfach nur, weil sie da ist und zur Wirklichkeit drängt. Sie ist ernsthafte Arbeit, aber niemals grimmige Pflicht. An ihrer Freude kann man Liebende erkennen.

Denn wo Liebe geschieht, geschieht sie umsonst. Deshalb wünsche ich Euch als Letztes, daß Ihr die Dankbarkeit nicht verlernt. Eure Verbindung soll verläßlich und treu sein, aber nie zur Selbstverständlichkeit werden. Solange zwei sich noch lieben, spüren sie genau und lassen sich spüren, daß ihnen mehr geschenkt wird, als sie verdienen, und ebenso immer mehr geben möchten, als sie tatsächlich können. Und brauchen trotzdem nicht traurig und mutlos zu werden, denn weil sie lieben, wird ja alles verändert: Das Größte – ohne Liebe wäre es nichts, sagt Paulus; das Kleinste – aus Liebe und in ihr bedeutet es alles. Denn die Liebe selbst ist das Glück.

Weil sie dankbar und reich macht, hindert sie endlich jeden kleinlichen Egoismus zu zweit. Je mehr Glück Euch gelingt, desto weniger könnt Ihr allein glücklich sein wollen, sondern Euch öffnen und auch denen zuwenden, die weniger Glück hatten in ihrem Leben als Ihr.

Erst in der Liebe, die er erfährt und verschenkt, kann ein Mensch zu sich finden. Sie ist das einzige auf Erden, das seinen Zweck in sich selbst hat. Deshalb wird sie noch bleiben, wenn alles andere vergeht. Ja, sie ist tatsächlich schon der Himmel auf Erden – darüber mag lächeln und spotten, wer will. Freilich, der Himmel auf *Erden*, wir sahen ja: sie verlangt Glauben und Vertrauen und Mut und ist schwierig zu lernen. Aber sie ist das Einzige, was sich selbst lohnt und deshalb auch jede Anstrengung lohnt, jede Anstrengung leicht macht. Große Worte vielleicht, mag sein. Doch haben wir Grund, so zu reden, denn wir glauben ja: Gott selber ist Liebe.

Hinweise

Die Predigt Nr. 22 verdankt die Anregung zum Thema und besonders im ersten Teil mehrere Beispiele und Formulierungen einer unveröffentlichten Ansprache von Dorothee Sölle. Auch in die Predigt Nr. 9 habe ich Gedanken von Frau Sölle übernommen (vgl. D. Sölle, Im Hause des Menschenfressers. Texte zum Frieden, Hamburg 1981, 30–46).
Die Predigt Nr. 5 geht in ihrer Anlage und vielen Formulierungen auf einen bisher nicht veröffentlichten Text zurück, den Oswald Bayer in einer Tübinger Seminarveranstaltung vorgestellt hat. In seiner Bochumer Antrittsvorlesung hat er das Thema „Sprachbewegung und Weltveränderung" am Beispiel von Mt 5,43–48 systematisch behandelt (O. Bayer, Zugesagte Freiheit. Zur Grundlegung theologischer Ethik, Gütersloh 1980, 60–76).
Bei der Predigt Nr. 15 handelt es sich um eine Neufassung der gleichnamigen Predigt von Gotthard Fuchs (Liebhaber des Lebens, in: F. Kamphaus/R. Zerfaß (Hg.), Ethische Predigt und Alltagsverhalten, München/Mainz 1977, 147–153). Wertvolle Hinweise habe ich ferner seiner Artikelserie „Zur Aktualität der Seligpreisungen" (in: Die Mitarbeiterin, Düsseldorf, 30,1979f) entnommen. Im übrigen verdanke ich den Arbeiten von Gotthard Fuchs und dem langjährigen Gespräch mit ihm mehr, als sich durch Zitationsnachweise ausdrücken läßt.
Für die Predigt Nr. 19 habe ich die Veröffentlichungen von Romano Guardini (Der heilige Franziskus, Zürich 1951) und Adolf Holl (Der letzte Christ, Stuttgart 1979) ausgewertet, bei der Predigt Nr. 18 die Amos-Studien von Hans Walter Wolff zu Rate gezogen (Die Stunde des Amos. Prophetie und Protest, München 1969) und in den Predigten Nr. 14 und 16 gelegentlich Hans Urs von Balthasar (Das Herz der Welt, Zürich 1945) und Sören Kierkegaard zu Wort kommen lassen.

Texte zur Besinnung

Franz Kamphaus · Vom Tod zum Leben

Gesammelte Predigten, herausgegeben von Paul Deselaers
200 Seiten. Kartoniert.

Der durch Christus ermöglichte Umbruch „Vom Tod zum Leben" (Bischof Kamphaus) läßt sich vielfältig konkretisieren. Dem neuen Limburger Bischof, gelingt dies in seinen Predigten zum Kirchenjahr so schlicht und treffend, daß jedem das Geschenk aufgeht, von dem hier die Rede ist: neues Leben. *Publik-Forum*

In drei Themenkreisen geordnet, erwartet den Leser eine klare und deutliche Sprache, die Gefühl für Feinheiten und Unterscheidungen aufweist, aber nie gekünstelt wirkt oder sich um gewollte Originalität bemüht. Wer nach dem Grund für die begeisterte Aufnahme der Äußerungen von Kamphaus auf Katholikentag und Buchmesse fragt, wird die Antwort hier finden. *Petrusblatt*

Ludwig Bertsch/Georg Schardt (Hg.)
Gebt Rechenschaft von eurer Hoffnung

Synode als geistliches Ereignis für heute
116 Seiten. Kartoniert.

Die Würzburger Synode (1972—1975) hat in den Gemeinden und Bistümern der katholischen Kirche Deutschlands Impulse ausgelöst, deren Tragweite noch gar nicht abzusehen ist. Das geistliche Geschehen auf der Synode sollte wachgehalten werden und zugleich zu einer inneren Umwandlung der Gläubigen führen. Die Texte aus Predigten, die während der Synode gehalten wurden, sind thematisch geordnet (Freiheit-Hoffnung-Christus-Kirche-Zeugnis) und als Anstoß zur persönlichen Besinnung, als Impulstexte für Gottesdienst und Gruppenarbeit, als Anregung für das geistliche Gespräch über den Glauben angeboten.